Libros de bolsillo
66

Pierre Rousselot

Los ojos de la fe

Introducción, traducción y comentarios de
Ferrán Manresa, S. I.

ENCUENTRO

Título original
Les yeux de la foi

© 1994
Ediciones Encuentro, Madrid

En portada
Moissac, detalle de la portada sur (S. Pablo)

Para cualquier información sobre las obras publicadas o en programa
y para propuestas de nuevas publicaciones, dirigirse a:
Redacción de Ediciones Encuentro
Conde de Aranda 20 - bajo B - 28001 Madrid
Tel. 915322607
www.edicionesencuentro.com

INTRODUCCIÓN

A pesar de su *lejanía* (1910), *Los ojos de la fe* continúa representando una concepción teológica muy significativa en la historia moderna de las explicaciones acerca de la fe cristiana. En medio de la multiplicidad de éstas, centradas unas veces en las condiciones objetivas que la acreditan o en las condiciones subjetivas que la posibilitan, la posición de Rousselot es clara y decididamente «teológica»: marca una etapa capital en la historia de las discusiones modernas sobre el tema.

El contexto histórico-apologético

1. A comienzos de siglo nos encontramos –por lo que a la teología de la fe se refiere– en medio de un debate ya antiguo: entre el racionalismo y el

5

voluntarismo. Por un lado –siguiendo las huellas de Kant– Hermes (1775-1831) se esforzaba por interpretar la fe desde esquemas propios de la filosofía kantiana (razón teórica-razón práctica); y, por otro lado, tanto el tradicionalismo católico (Bautain, 1796-1867) como el protestantismo liberal (A. Sabatier, 1839-1901) y el modernismo hablaban de la fe como de una experiencia interior y de una inspiración divina personal, para justificarla. En medio de tales interpretaciones teológicas y del creciente agnosticismo (cfr. D. 1701-1707), el Vaticano I trazó una delimitación. Fue una lástima que, después, la teología retuviera sobre todo lo que, en la Constitución «Dei Filius» y sus correspondientes cánones (del Vaticano I), servía más bien para seguir alimentando la controversia; en lugar de explorar el sentido positivo que de tales documentos se podía sacar en orden a elaborar orgánicamente una concepción teológica de la fe, capaz de ir más allá del plano apologético. El intento de P. Rousselot es tal vez el que representa con más vigor el esfuerzo por «hacer teología» más allá de toda apologética[1].

2. A principios de siglo la teología de la fe seguía, en el fondo, con el esquema clásico basado en dos factores importantes: (a) una determinada antropología, según la cual entendimiento y voluntad se consideran como dos facultades separadas; y (b) una intención concreta: centrar en la razón las explicaciones teológicas sobre la fe.

Ambos factores, como no es difícil observar, están en relación con el racionalismo, no sólo entendido en sentido estricto, sino también como exigencia cultural. De hecho, esta exigencia fijaba lo que se entendía por «saber», de tal manera que la fe resultaba incompatible con él. Era necesario, por tanto, aceptada tal exigencia, «echar algún puente», *«elaborar una idea» en virtud de la cual la fe no fuera incompatible con aquélla.* He aquí la razón de los debates y controversias que duraron largos años y que condujeron a la pérdida de «sustancia religiosa» por parte de la teología elaborada a partir de la aceptación de aquella incompatibilidad y con la intención de superarla. En concreto, el «puente» elaborado de diversas maneras por la teología de la época fue la «fe natural». En cualquier caso, a través de la aceptación y la incompatibilidad entre fe y saber (racionalísticamente entendido) y mediante la elaboración de la idea de «fe natural», con la que superar aquella incompatibilidad, se hacía, conscientemente o no, una opción previa: se elaboraba de hecho (y por tanto se creía que se podía elaborar de derecho) la credibilidad de la fe independientemente del asentimiento que la fe viva comporta; o dicho de otra manera: se aceptaba de hecho (y por tanto se creía que se podía aceptar de derecho) la existencia de unos «preámbulos» de la fe en los cuales racionalmente todos podían encontrarse.

3. Como fácilmente aparece, la elaboración de dichos «preámbulos» –si es honesta– no pone en juego directamente el hecho de creer y todas sus consecuencias; en este sentido, tal elaboración no es directamente «teología». Unicamente cuando dicha elaboración pone en juego directamente el hecho de creer y sus consecuencias se puede decir que los «preámbulos» de la fe son también «intellectus fidei». Posteriormente, el planteamiento teológico de la fe ha ido variando en la práctica. Pero, en cualquier caso, hoy en día seguimos en una vacilación más global, herencia de aquella época y modulada de distinta manera por los contextos sociales y culturales que se han ido sucediendo. Tal vacilación global y actual podríamos formularla de la siguiente manera: 1. o bien concebimos y emprendemos la tarea propia de la «teología fundamental» (el fundamento de la teología es la fe y, por tanto, ocuparse teológicamente de la fe sería hacer teología «fundamental») como una tarea previa a la teología sistemática; 2. o bien concebimos y emprendemos la tarea propia de la «teología fundamental» como el desarrollo interior a la teología sistemática en la medida en la que vamos refiriendo una y otra vez los distintos contenidos que ésta nos ofrece al «centro que los funda y da sentido» (la revelación y la fe). La previalidad de la «teología fundamental» vendría expresada hoy en día así: «*Es preciso, antes de tratar de la verdad del cristianismo, afrontar la cuestión de su sentido*». La

interioridad de la «teología fundamental» vendría expresada hoy en día así: «*Unicamente desde el contenido del cristianismo (apropiado en la fe), es posible mostrar su sentido*». Separando la cuestión de la verdad y la cuestión del sentido de la fe cristiana no hacemos más que *seguir separando la cuestión de la fe —como contenido y como actitud— respecto de la cuestión de su credibilidad* —entendida como conveniencia, por nosotros perceptible y para nosotros apetecible, de ser aceptada—.

4.   La evolución de la teología de la fe ha discurrido a caballo de la evolución de las relaciones entre la comunidad eclesial y el proceso socio-cultural de la sociedad. El rápido y complejo cambio que en dichas relaciones se ha ido produciendo a lo largo de este siglo ha hecho que se haya atendido más —por razones de urgencia— al problema de la credibilidad o del sentido que para nosotros tiene la fe cristiana que al contenido en ella afirmado. Después de un largo trecho en busca de los «presupuestos» en virtud de los cuales la fe puede resultarnos creíble, puede ofrecernos sentido, nos vamos dando cuenta de que tal búsqueda —más allá o más acá de la misma fe— nos va conduciendo a un callejón sin salida y nos produce cansancio. Porque: o bien tales presupuestos acaban por anularla convirtiéndola en una mera opción, o bien acaban por convertirla en pura ideología. Apremiados por la crisis de credibilidad por la que atraviesa la fe, vamos en busca de la justificación de

la fe en crisis. En la práctica acabamos dándonos cuenta de que la percepción del sentido (credibilidad) de la fe nos ahorra la explicación teológica acerca de su verdad; nos damos cuenta de que los caminos (culturales, filosóficos, sociales, políticos, etc.) que despliegan la credibilidad de la fe no conducen por sí mismos a la afirmación de la fe –a no ser que no hagan más que desplegar creyentemente la fe creída–. Nos damos cuenta de que una cosa es la «teoría» que puede legitimar al cristianismo como una –entre tantas– oferta de sentido y otra cosa es la «práctica» que ya contiene dentro de sí a la «teología» que la desglosa.

5. Resumiendo: la historia moderna de la teología de la fe va llegando a una situación en la que no sólo tiene que ir más allá de planteos apologéticos que desarrolló a principios de siglo sobre todo, sino también tiene que situarse más acá de planteos «teóricos»: si en un caso la credibilidad era elaborada a partir de una «razón» preteológica, en el otro caso la credibilidad ha sido elaborada a partir de lo que podríamos llamar una «razón» post-teológica; si en un caso el «saber» era previo al creer, en el segundo caso el «saber» sustituye al creer. La teología de la fe tiene que vivir de su «propia razón», la «razón teológica»: aquella inteligencia interior a la fe, inteligencia («logos») que ni puede ser entendida en términos «racionalistas» (como si el «saber» fuera anulando al creer) ni en términos «racionales» (como si

el creer se resolviera en un «saber»); inteligencia que, «dentro de la misma fe», va buscando y encontrando «razones para creer».

Pues bien, esta interioridad del «saber» en el «creer» es la que P. Rousselot, de forma original, elabora teológicamente en *Los ojos de la fe*. La lectura de su trabajo nos puede servir para no sólo afirmar, sino también desarrollar la interioridad de la «teoría» en la «práctica» de la fe; para darnos cuenta de que la cuestión del «sentido» es inseparable de la cuestión de la «verdad» de la fe; para darnos cuenta de la especificidad de la razón («logos») que se pone en juego a la hora de creer; para darnos cuenta de que, a la hora de «fundamentar» (dar con el «logos»), no es propio hacerlo antes de la práctica de la fe ni tampoco al margen de ella; para darnos cuenta de que la teología —como despliegue de la «razón inmanente» a la fe— está lógicamente más allá de la misma práctica de la fe vivida pero más acá de la «teoría» que la disuelve: entre la apologética y la teoría. Posición difícil que reformular en orden a mantener erguidas tanto la libertad personal como la responsabilidad pública del cristiano.

«Los ojos de la fe» entre el Vaticano I y el Vaticano II

6. Como hemos dicho, la teología de la fe que se desarrolló a partir del Vaticano I obedecía a esquemas anteriores a él. Inteligencia y voluntad

humanas (antropología) eran puestas en juego de forma «mecanicista» en orden a explicar –más que teológica, apologéticamente– la fe. En el fondo, tanto la voluntad como la gracia (la fe –se afirmaba– es un don gratuito de Dios) permanecían extrínsecas al proceso de la formación del acto de fe, teológicamente explicado. Todo este proceso estaba constituido, a partir de un primer juicio irrefutable, por una etapa «teórica» –silogística– (credibilidad), de la que brotaba otra etapa «práctica» (formada por la credentidad, el impulso de la voluntad y la inclinación del afecto): de este modo se llegaba al «acto» de fe propiamente dicho. Se reconocía que, sin la caridad, tal fe era una «fe muerta» y, como se puede ver, en tal proceso tanto la voluntad como la gracia intervenían «lo más tarde posible». El carácter artificial de esta explicación, el escaso espacio otorgado no sólo a la voluntad, sino también a la gracia, el acumulamiento de mediaciones, todas ellas de orden intelectual, que la componían... todo esto hizo que tal «teología» (?) de la fe fuera de hecho a la larga insostenible.

7. Frente a tal explicación teológica la aportación más original de P. Rousselot, en su primer artículo, radica en lo siguiente: pensar la razonabilidad de la fe en relación con la aportación de las ciencias inductivas, frente al carácter profundo y exclusivamente deductivo de la explicación teológica anterior, toda ella inspirada en una epistemología deductiva. El razonamiento inductivo

sobre los signos de la revelación acaba en una ley general, desconocida, que rige los casos particulares, conocidos como hechos pero no comprendidos al margen de su pertenencia a dicha ley general; busca un «punto de convergencia», una «convergencia de indicios» en la que quedarían coordinados o donde se condensaría la significación común a todos los signos particulares. Esta epistemología, propia del campo de la ciencia inductiva, tiene con todo una diferencia respecto de su aplicación en el terreno de la fe: mientras que en el campo de las ciencias el «punto de convergencia» pertenece al mismo plano de la naturaleza, en el campo de los signos de la revelación se sitúa en plano escatológico. La inducción, por tanto, que conduce hacia el asentimiento creyente es posible a una inteligencia transfigurada por la gracia, la cual invita a la «penetración interior», necesaria a toda conclusión inductiva. De este modo, Rousselot puede explicar que la fe es razonable si es sobrenatural. En las ciencias experimentales la teoría, formulada al final de una marcha ascendente más o menos titubeante, únicamente puede ser explicada por la intuición del «sabio». Esta teoría se convierte en la premisa mayor de un razonamiento deductivo, que engloba y del cual deriva el hecho experimental observado conforme a una lógica descendente en la que se desvela toda la razonabilidad del proceso global. De la misma manera, en la reflexión sobre la

13

fe, el Dios vivo y verdadero, que trasciende el plano de la naturaleza en el que quedan inscritos los hechos exteriores de la revelación (y que sólo pueden ser descubiertos por una inteligencia transfigurada por la gracia), se convierte él mismo –al final de esta inducción especial– en aquella Realidad viva e iluminante de la que todo proviene, comprendida la inteligencia; y la consideración de este proceso a partir de Dios desvela a los ojos de la inteligencia su carácter razonable de forma indubitable; pero únicamente «después»; es decir, de la misma manera como la deducción científica sigue a la inducción experimental.

La compatibilidad entre sobrenaturalidad y razonabilidad de la fe se resume en esta aparente paradoja (opuesta a la intención apologética): «es preciso creer para ver que los razonamientos sobre Dios son concluyentes». No se trata de un sofisma, sino de una paradoja. «Un indicio simplemente probable para una inteligencia débil puede ser, para una inteligencia fuerte, un signo cierto; de la misma manera, un indicio ambiguo para la razón natural puede ser un signo, muy seguro, de lo verdadero para la razón sobrenaturalizada; el indicio no ha cambiado, pero el sujeto se ha elevado». De este modo de pensar se sigue claramente que –echando mano de la terminología clásica del tratado teológico sobre la fe– el asentimiento, el juicio de credibilidad y el juicio de credentidad son un

14

mismo y solo acto sintético; que la fe natural no existe; que las «suplencias subjetivas» son no sólo «auxiliares», sino esenciales en la formación del asentimiento de la fe; que son necesarias para todos y no sólo para los «no ilustrados».

8. Hasta aquí el núcleo de la originalidad de Rousselot en la epistemología del acto de fe. Sin duda alguna que tal epistemología representaba un avance respecto de la que latía en el tratamiento del tema por parte de la teología clásica. De todos modos, miradas las cosas a distancia, hay que reconocer, en la explicación de Rousselot, algunas limitaciones de las que hoy somos más conscientes.

Vamos a sugerir algunas de ellas:

a) La preocupación eminentemente epistemológica de Rousselot hace que toda su concepción de la fe resulte desencarnada. O dicho de otra manera: yendo más allá –en cuanto a su solución– de los problemas que tenía planteados la teología de la fe en su tiempo, queda preso del planteo de los mismos; un planteo eminentemente epistemológico y nada más.

b) Esta misma preocupación es la causa de que la «conducta moral» no entre a formar parte del proceso del acto de fe. Como si el problema «teórico» pudiera ser tratado al margen de las situaciones «prácticas» en las que el sujeto concreto de tal proceso se encuentra.

c) Dicha preocupación, eminentemente «teórica», hace también que se prescinda de hecho no sólo del contenido de la fe sino de la situación «caída» del hombre concreto y que afecta a su capacidad de conocimiento también.

d) La insistencia en el sujeto «teórico» de la fe hace que la determinación del contenido de ésta quede exclusivamente en manos del «oír». No aparece suficientemente –en la explicación de Rousselot– la cohesión de los misterios conocidos con la «unidad central» de todos ellos, a la que «los ojos de la fe se dirigen».

e) Preso por el planteo que entonces se hacía, aunque «el acto» de fe queda orgánicamente explicado, sin embargo no así «el progreso» de la fe: de hecho el acto de fe en la práctica es un «proceso personal e histórico», hecho de progresos y retrocesos, de dudas y confirmaciones. Parece como si, con su «poder iluminante», la gracia irrumpiera en el sujeto y todo el proceso de vida siguiente quedara al margen de dicha gracia.

f) Se observa en la explicación que Rousselot propone cómo queda prisionero del «esquema» –entonces el más moderno– dentro del cual se esbozaba la reflexión teológica sobre la fe: entre el «hecho interior» y el «hecho exterior», el sujeto abraza la fe. Cuando en realidad la perspectiva «más teológica» es otra: no es el sujeto quien abraza –entre el uno y el otro– la fe, sino que es Dios quien, revelándose eficazmente, abraza al sujeto por fuera y por dentro. Un defecto de perspectiva, explicable en su tiempo, pero que, desde nosotros, es detectable.

g) Hemos de señalar, por fin, que Rousselot entiende como «signos externos» –conforme al Vaticano I– la Iglesia, los milagros, las profecías... Cuando en realidad el auténtico signo externo es en definitiva Jesucristo. Ocurren sin embargo dos cosas: que en la actualidad resulta a veces difícil reconocer a dicho signo externo que de ordinario nos suele venir mediado por la Iglesia y que para «ver» los signos externos actuales como signos de la presencia del Espíritu del Señor se precisa de su «interpretación». Ambas cosas no pudieron ser tenidas en cuenta por Rousselot o bien debido a la implícita eclesiología que late en su trabajo o bien porque reducía tal interpretación al discernimiento que «los ojos de la fe» hacen a partir de los signos dispersos en la historia.

9. En cualquier caso proponemos la lectura de esta primera parte de *Los ojos de la fe* con el fin de que pueda servirnos para plantear lo más correctamente posible el estatuto epistemológico de la fe (conocimiento por connaturalidad y por convergencia de indicios); con el fin de acabar de integrar dentro del conocimiento de la fe la categoría de «discernimiento» hasta hoy únicamente aceptada dentro de lo que se suele llamar «teología espiritual»; con el fin de poder elaborar una teología fundamental más allá de las exigencias racionalistas o pragmáticas que hoy, a su modo, siguen afectándonos; con el fin de superar la separación (algo más que distinción) entre «fides quae» y «fides qua»,

entre la «fe creída» y la «fe que cree»; con el fin de que sea desde la plenitud de la fe «que cree» («ojos de la fe») desde donde elaboremos —en una época de crisis de la razón— la razonabilidad de la «fe creída» («determinatio fidei»).

NOTAS

[1] Con ello no queremos atribuir a P. Rousselot la total originalidad del planteamiento epistemológico del acto de fe. Ya antes que él, el Cardenal Newman (1801-1890) en su famoso libro *Essay in Aid of a Grammar of Assent* (1870) hablaba del «sentido ilativo». Con sus distinciones entre razonamiento formal e informal, razonamiento «concreto», probabilidad y asentimiento, y asentimiento nocional y real, así como con su atención a la conciencia y a la vida moral, no sólo, ya mucho antes, planteaba el problema de la razonabilidad del asentimiento creyente por unos caminos y unas formulaciones que influyeron en P. Rousselot, sino que también tardaron mucho tiempo en ser recogidas por la teología de la fe de entonces.

BIBLIOGRAFÍA[1]

AUBERT, R.: *Le problème de l'acte de foi.* Louvain, 1950 (2) 451-511.

BALTHASAR, H. U. v.: *La gloire et la croix, I: Apparition.* Aubier, 1965, pp. 125, 147-9 ss.

BROGLIE, G. de: «L'illumination des signes de crédibilité par la grâce. Un point controversé de la théologie du P. Rousselot». *Recherches de Science religieuse* 53, 1965, pp. 495-521.

BROGLIE, G. de: «Possibilité et impossibilité de la "foi naturelle"». *Ibid.* 52, 1964, pp. 370-410.

FAUX, J. M.: «L'expérience de l'acte de foi». *Nouvelle Revue Théologique* 87, 1965, pp. 1.009-1.022.

HOLSTEIN, H.: «Le Théologien de la Foi». *Recherches de Science religieuse,* 53, 1965, pp. 422-461.

HUBY, J.: «La connaissance de foi dans S. Jean». *Ibid.* 21, 1931, pp. 385-421.

HUBY, J.: «Autour du problème de l'acte de foi». *Ibid.* 34, 1947, pp. 462-484.

---

[1] Citamos en este pequeño apunte bibliográfico aquellos trabajos que (a) tocan más de cerca la temática de «Los ojos de la fe»; (b) que, creemos, están más al alcance, por la lengua y por las revistas, a las que algunos artículos pertenecen, de los estudiantes de teología; y (c) para ampliar esta pequeña bibliografía nos remitimos a la citada por E. Kunz en su libro *Glaube - Gnade - Geschichte. Die Glaubenstheologie des P. Rousselot s. j.* Verlag Jo. Knecht, Frankfurt am Main, 1969.

LAVALETTE, H. de: «Le Théoricien de l'Amour». *Ibid.* 53, 1965, pp. 462-494.

LE BLOND, J. M.: «Le Philosophe Thomiste». *Ibid.* 53, 1965, pp. 391-421.

LEBRETON, J.: «Rousselot (Pierre)». *Dictionnaire de Théologie Catholique,* 1939, pp. 134-138.

LUBAC, H. de: *Surnaturel. Etudes historiques.* Coll. «Théologie» 8, París, 1946.

MALEVEZ, L.: «L'esprit et le désir de Dieu». *Nouvelle Revue Théologique* 69, 1947, pp. 2-31.

MALEVEZ, L.: «La gratuité du surnaturel». *Ibid.* 75, 1953, pp. 561-86; 673-689.

MOUROUX, J.: *L'expérience chrétienne.* Coll. «Théologie» 26, París, 1952.

MOUROUX, J.: «Présence de la raison dans la foi». *Sciences ecclesiastiques* 17, 1965, pp. 181-200.

NÉDONCELLE, M.: «L'influence de Newman sur "Les yeux de la foi" de Rousselot». *Revue de Sciences Religieuses* 27, 1953, pp. 321-332.

OSSA, M.: «Blondel et Rousselot». *Recherches de Science religieuse* 53, 1965, pp. 522-543.

PANNENBERG, W.: *Entendimiento y Fe.* «Cuestiones fundamentales de teología sistemática». (Ed. Sígueme) Salamanca, 1976, pp. 77-92.

POTTIER, B.: «Les yeux de la foi après Vatican II». *Nouvelle Revue Théologique* 106, 1984, pp. 177-203.

RAHNER, K.: *El oyente de la Palabra.* Herder, Barcelona, 1967.

RODRÍGUEZ RESINA, A.: «En torno a la noción de credibilidad». *Revista Catalana de Teología* 7, 1982, pp. 303-366.

SCHILLEBEECKX, E.: *Revelación y Teología.* (Ed. Sígueme) Salamanca, 1969, especialmente pp. 323-365.

LOS OJOS DE LA FE

(Presentamos la traducción del texto y nuestro comentario al mismo. Los números romanos puestos en el lateral del texto remiten al comentario).

PRIMERA PARTE

Habet namque fides oculos suos
(S. Agustín)

Religión y ortodoxia, piedad y dogmas, fe y símbolos, conciencia y creencias: ¡hasta qué punto las controversias de estos últimos años nos han saciado con sus antítesis! El catolicismo, que conoce, con ciertas reservas, una disociación posible, afirma no obstante la conexión normal y natural de la gracia divina y la adhesión a su *Credo.* Es ahí donde, para los hombres de hoy, se encuentra el escándalo del dogmatismo. En las conclusiones del símbolo *Quicumque* se afirma. Ya desde los tiempos evangélicos se había proclamado: «Somos de Dios. El que conoce a Dios nos escucha». «Todos aquellos que son de la verdad escuchan mi voz»[1]. El problema básico de la fe es, pues, éste: ¿cómo una Iglesia que es considerada por los de fuera como una secta más entre otras, puede ser la única depositaria de la ver-

dad?, ¿cómo un símbolo, que parece haberse formado al azar de las contingencias históricas, es el mensaje exclusivo de Dios a los hombres y el término
necesario de la buena voluntad?

El problema más restringido del *acto de fe,* que
en modo alguno es apologético sino puramente
teológico, se plantea en parecidos términos y la
forma en que se resuelve implica una filosofía
religiosa, es decir, una teoría de las relaciones
entre la naturaleza y lo sobrenatural. El punto
central continúa siendo aquí –para emplear un
término expresivo del lenguaje escolástico– la
connaturalidad de la gracia con un símbolo determinado. Sin embargo, lo que debemos explicar,
para explicar el acto de fe, es de qué manera se
opera *en el individuo* la conjunción de los dos términos. Si la confesión de los dogmas de la Iglesia
es la expresión natural y normal de la nueva naturaleza que Dios ha puesto en nosotros, de la vida
de la gracia, ¿cómo esa nueva naturaleza *encuentra*
su expresión?, ¿cómo se conjuga con las ideas
religiosas que recibimos del medio social y cómo
en fin se unifica con ellas? He aquí la cuestión[2].
Sto. Tomás definía con exactitud los elementos
del problema cuando escribía: «*Fides principaliter
est ex infusione, et quantum ad hoc per baptismum
datur; sed quantum ad determinationem suam est ex
auditu, et sic homo ad fidem per catechismum instrui-
tur*»[3]. *Justificación* y *confesión:* bajo los vocablos
técnicos de *habitus infusus* y de *credibilium determi-*

natio encontramos de nuevo los dos términos que parecen heterogéneos, de los cuales la Iglesia continúa afirmando la natural solidaridad. ¿Cómo es esto posible? Porque la gracia se encuentra ahí donde está la voluntad santa; pero es o por la penetración de la razón natural o por un azar de la vida fenoménica como parece que nacen y se organizan las creencias.

La Iglesia ha restringido más el campo de nuestra investigación al condenar, en el Concilio Vaticano, dos explicaciones extremas que podríamos imaginar: la conjunción de la fe objetiva con la fe infusa y la de la fe *creyente* con la fe *creída.* Estas dos explicaciones son el racionalismo de Hermes y el sentimentalismo protestante. Hermes atribuía a la razón toda la *determinación* de las creencias, todo lo que en la fe es conocimiento[4]. La gracia era, para él, justificante, pero no se veía que, en su doctrina, conservara su función iluminadora. El sentimentalismo, al que se refiere el Concilio, hacía depender, por el contrario, el discernimiento de las doctrinas de un testimonio interior de la gracia, percibido experimentalmente[5]. La condenación de Hermes prohíbe, por consiguiente, atribuir la *determinatio* exclusivamente a la razón natural, a la que se le negaba toda conexión con el *habitus;* la condenación del sentimentalismo impide decir que el *habitus* lleva consigo, en el individuo poseído por la gracia, una cierta conciencia experimental de la *determinatio.* Dos soluciones quedan, pues, exclui-

das: la que negara a la gracia toda actividad cognoscitiva y la que afirmara como necesaria una
revelación interior objetiva perceptible en cada uno.

* * *

Planteado así el problema, para explicar el
encuentro de la fe infusa (potencia sobrenatural de
conocer) con la fe dogmática (conjunto de objetos
conocidos), muchos teólogos recurren a un término medio, como a una especie de «esquematismo».
Admiten la posible existencia, incluso la presencia
necesaria en el creyente, de la «fe científica» o,
para usar un término más general y que responde
mejor a su pensamiento, una fe naturalmente
adquirida y legítimamente cierta[6]. Piensan que la
razón puede conocer por sí misma, sin la gracia, la
determinatio de las verdades que creer, mediante la
demostración de la credibilidad; la cual demuestra
con certeza la necesidad de adherirse a la Iglesia de
Jesucristo, como la enviada de Dios a la tierra. La
razón presentará de este modo a la fe sobrenatural
su objeto preparado.

Esta doctrina de los teólogos modernos no es en
modo alguno el «hermesianismo». Saben que la fe
muerta es una gracia. Si piensan, con Hermes, que
la razón puede, por medio de la credibilidad
demostrable, llegar a encontrar el *material* que es
objeto de la fe; si a veces llegan incluso a reconocer la posibilidad de una fe natural no sólo cierta
sino *psicológicamente del todo semejante a la fe sobrena-*

tural [7], no reducen a esto el conocimiento de la fe. *Duplican,* solamente, por decirlo así, la fe sobrenatural con una fe natural que es inferior en nobleza, en firmeza, en certeza, pero que es o puede ser coextensiva a la sobrenatural en cuanto al objeto.

No se trata, por otra parte, de que estos teólogos pretendan obligar al Espíritu Santo a acomodarse a su esquema. Tras haber explicado, casi siempre con gran finura dialéctica y a menudo con una calidad de análisis poco frecuente, lo que es, según ellos, el mecanismo del acto de fe, tampoco omiten añadir que su sistema no agota la riqueza de la invención divina: si, para ciertas almas, la certeza natural no resulta posible, la gracia sabrá abrirse camino y suplir esa insuficiencia [8]. Algunos no hablan de ello sino incidentalmente, y tras haber hecho todos los esfuerzos para extender a todos los casos imaginables su explicación de la certeza natural [9]. Otros proponen una teoría expresa de lo que llaman *suplencias* gratuitas *de la credibilidad* [10]. Pero casi todos siguen reduciendo el acto normal de fe a uno u otro de estos tipos: o bien el acto de fe sobrenatural *contiene* virtualmente y eleva un acto de fe natural [11], o bien, por lo menos, el acto de fe sobrenatural ha sido precedido por una constatación natural del hecho de la revelación.

Es claro que semejante doctrina dificulta explicar la fe de los niños y de los ignorantes. En cuanto a los doctos, a muchos la cuestión les parece sencilla [12]. Los documentos de la Iglesia exigen que la fe no sea en modo alguno ciega sino razonable, y el conjunto de teólogos se adhiere al principio que Sto. Tomás formuló en estos términos: *«Non crederemus, nisi videremus esse credendum»*. Pero, ¿cómo encontrar, en el pequeño aldeano del catecismo, la fe científica o la demostración racional; o, por lo menos, la certeza perfecta de la credibilidad, fundada en razones absolutamente válidas?, ¿cómo encontrarla en el negro que cree en la palabra del misionero? No basta una explicación *psicológica* que ponga de manifiesto el mecanismo de la creencia o de la credulidad. Tal explicación se aplicaría tanto a la fe del musulmán como a la del cristiano. Si el niño católico tiene razón en creer a su madre o al sacerdote, ¿se equivocaría el protestante al creer a su pastor o a su madre? Este ejemplo tan sencillo concentra lo esencial del problema.

Así pues, cuando se responde con «certezas respectivas», fundadas, si es preciso, en «principios prácticos reflejos»[13], no parece que se evite la dificultad. Los budistas, los sintoístas tienen «certezas respectivas» y Sócrates se basaba precisamente en un «principio reflejo» para concluir que cada uno debe su culto a los dioses de su ciudad. Un asentimiento especulativo absoluto, incluso de orden natural, exige en su base una certeza objetiva perfecta. Temo debilitar, si la traduzco, esta proposición de Sto. Tomás: *«Proprium motivum intellectus est verum id quod habet infallibilem veritatem. Unde quandocumque intellectus movetur ab aliquo fallibili signo, est aliqua inordinatio in ipso, sive perfecte sive imperfecte moveatur»*[14]. ¿Se puede aceptar que sea un desorden el que funde o introduzca la fe?

* * *

Parece pues necesario recurrir a la luz de la gracia. ¿No es acaso natural en esta materia? Algunos pretenden explicar expresamente la credibilidad sin ella; otros, Suárez por ejemplo, no creen poder prescindir de ella, por lo menos cuando se trata de la creencia de los sencillos y de los niños.

Puede parecer extraño que los teólogos no hayan seguido este camino y que no haya cesado de multiplicarse el número de investigaciones e hipótesis sutiles para explicar, de forma meramente natural, la percepción de las razones de creer. La causa es, al parecer, que quienes recurrían a la gracia no demostraban con suficiente claridad cómo puede crear una certeza perfecta sin trastornar el contexto psicológico, sin aportar con ella nuevas nociones, nuevos objetos.

Lo que les ha cerrado el camino es, me parece, un prejuicio de orden filosófico. No han carecido de sentido de la dificultad, ni de atención a los hechos. En sus estudios cabe admirar, junto a la flexible agilidad de la argumentación, aquel sentido de la psicología concreta que Balzac valoraba tanto entre el clero católico. Pero, al lado de todo esto, no es posible dejar de hacer otra constatación. La mayor parte (de tales teólogos) se limita a *analizar* el estado de conciencia de los fieles, no repara más que en los *elementos de la representación* y descuida *la actividad sintética de la inteligencia* natural o sobrenaturalizada. Se diría, en lenguaje escolástico, que consideran exclusivamente *id quod repraesentatur,* y que no hablan nunca del *lumen,* del *id quod inclinat ad assensum.* Otros, sin duda, atienden a este aspecto; pero cuando hablan, según Sto. Tomás, de los asentimientos que damos en virtud de un atractivo, consideran demasiado tal atractivo como destinado a *suplir*[15] los motivos externos más que a *esclarecerlos;* para ellos se trata, según parece, de atractivos experimentalmente conscientes, de complacencias reflexionadas, de conveniencias *representadas*[16]. Mientras los primeros agotan todos los recursos de la invención ingeniosa para descubrir en la conciencia *representativa* del niño católico elementos objetivos que le faltan al protestante, los segundos se hacen acusar de reducir las pruebas de la fe a una mezcla de probabilidades y de preferencias subjetivas, y de hacer creer a los sencillos gracias a una feliz ligereza. Nadie parece haber visto con suficiente claridad cómo la iluminación sobrenatural se concilia con una verdadera eficacia de los signos externos, de tal manera que estos dos elementos integren *una* misma *certeza.* Porque, tanto para unos como para otros, el tipo de la verdadera certeza intelectual ha de consistir en la

posesión, por el espíritu, de conceptos represen-
tativos igualables entre sí mediante *sustituciones
de equivalencias*[17].

Sin embargo, aun cuando únicamente consideremos el conocimiento natural, sabemos que semejante conocimiento no da cuenta suficientemente
de los hechos. El movimiento real de la inteligencia queda inexplicado si no se ve en ella, ante todo,
una potencia activa de síntesis.

Atengámonos a los hechos más ordinarios y más
claros: supongamos dos hombres que investigan
juntos la ley exacta de un grupo de fenómenos
oscuros y que en su investigación están regidos por
la concepción de una misma hipótesis; o supongamos dos policías que juntos examinan el lugar de
un crimen y cuyas sospechas coinciden en un
determinado individuo. Del hecho de que un
mismo fenómeno se produzca delante de los dos
sabios o de que un mismo detalle sea observado en
el mismo instante por ambos detectives no se
seguirá necesariamente que den un mismo asentimiento. Para uno de ellos podrá significar de
repente la certeza; para el otro, la misma oscuridad
de antes. Sin embargo, en su materialidad, o lo que
es lo mismo, en su individualidad, el hecho nuevo
es representado de manera semejante en las dos
inteligencias. Pero la primera no lo ha concebido
como un fenómeno bruto y aislado: lo ha visto *como
indicio* de la ley o de la conclusión buscada, ha percibido el hecho en su relación con la ley, ha hecho

31

la síntesis del hecho y de la ley, afirmada al mismo tiempo como real; el otro, por el contrario, «no ve». Es decir, aun representándose la hipótesis propuesta y el hecho nuevo con la misma exactitud material que su colega, aun *pensando* incluso en su relación –si el otro ha podido exponérsela– se le escapa la conexión, la síntesis no tiene lugar. Así pues, la diferencia entre el que ve y el otro no debe ser buscada en la diferencia de *notas* de la representación sino en la mayor o menor potencia de la actividad intelectual. Pero, se podría decir: ¿no radica acaso la diferencia en la ciencia adquirida o en la experiencia atesorada? No necesariamente, pues puede hallarse también en el ingenio natural. Esté en donde esté, nuestro principio, sin embargo, queda en pie. En el ejemplo propuesto, el que ve no piensa, en este instante, en el conjunto de su ciencia o de su experiencia; su ciencia está en él como *perceptiva* y no como *percibida*[18] y siempre hemos de volver a una diferencia en la facultad intelectual.

Sucede lo mismo con la fe, con el *lumen fidei,* cuando se percibe la credibilidad. Esta luz no propone, como no sea por milagro, nuevos objetos que conocer: *determinatio fidei est ex auditu.* Pero le debemos la percepción de la conexión, la síntesis, el asentimiento. Estas tres cosas, que, como diremos luego, no forman sino una, no tienen en las *representaciones* su razón suficiente. Supongamos dos contextos psicológicos casi idénticos: la presencia o la ausencia de una nueva facultad de percibir basta para explicar la luminosa certeza de uno, la persistente oscuridad en el otro. A la inversa, tomemos dos niños, cada uno de los cuales sólo conoce «la religión de sus padres»; sus asentimientos, aunque no presentan quizá diferencia alguna ante el *análisis,* no tendrán sin embargo el mismo valor: en uno su asentimiento será legítima certeza; en el otro, falsa opinión. Nótese, por otra parte, sobre el primer caso, que el incrédulo puede representarse exactamente cada una de las proposiciones por las cuales el que *ve* se esfuerza en detallarle la conexión, en hacérsela inteligible, en reducirla —incluso—, en la medida de lo posible, por sustitución de equivalencias: esta representación exacta no es siempre el asentimiento. Un personaje de *Loss and Gain* dice a Charles Reding: «Yo entro en tus razones; pero no puedo, en mi cabeza, ver cómo llegas a tu conclusión». Y el convertido responde: «Para mí, Carlton, esto es como dos y dos son cuatro»[19]. *La diferencia de las afirmaciones, con similitud de notas representadas,* no debe constituir para el teólogo una dificultad, puesto que la teología concibe la fe como una actitud cognoscitiva sobrenatural.

* * *

No es ésta solo la circunstancia a realzar en el ejemplo tan sencillo de que nos hemos servido. Es necesario advertir también *la prioridad recíproca*

entre la afirmación de la ley y la percepción del hecho
que sirve de indicio. Los recientes teóricos de la
lógica de la invención han hecho evidente esta
propiedad. No se percibe primero la prueba
como tal y luego la cosa probada. A la vez se ve
la ley general como subsumiendo el caso particular, el cual, bajo diferentes aspectos, es la causa y
el efecto, la prueba y la aplicación, la consecuencia y el indicio. Vemos la ley *por* el indicio, pero
es sólo *en* la ley donde vemos el indicio. El hecho
no puede ser conocido *como indicio* si no se afirma
la ley.

Si la noción de esta reciprocidad causal pare-
ciera algo raro a algunos, les ruego que conside-
ren el caso en el que no se trata ya de descubrir
una explicación o de verificar una hipótesis, sino
de *penetrar,* como se suele decir, *en un alma,* de
captar la armonía interior de una psicología.
Puedo haber leído *Hamlet* diez veces y no haber
comprendido a Hamlet. Tomo de nuevo el libro
y hete aquí que una palabra, que hasta entonces
había leído sin penetrarla realmente, suscita en
mí de repente la intuición de su carácter, como
de un conjunto inteligible, de una realidad
patente. «Ya entiendo. ¡Es eso!», exclamamos.

La percepción de esa palabra *como indicio, como
significante,* es simultánea temporalmente con la
percepción del carácter total; le es racionalmente anterior, porque es verdaderamente causa: es
el indicio el que *me introduce* en «Hamlet», el que

me *hace* comprender a «Hamlet»; pero es racionalmente posterior desde otro punto de vista, pues la percepción de una palabra como rasgo de un carácter no tiene sentido sino cuando este carácter es ya conocido.

En este punto se puede quizá objetar que no se trata de afirmar o negar, sino de comprender. Pero sin razón convertimos el asentimiento en un acto más o menos voluntario, distinto de la síntesis de los términos. Volvamos al caso de una ley natural afirmada: *percibir la conexión y dar el asentimiento* son una sola y misma cosa[20]. En efecto, percibir la conexión es percibir el indicio como indicio. Pero el indicio no puede ser percibido como tal sin percibir al mismo tiempo, por una correlación necesaria y bajo la misma modalidad de conocimiento[21], la cosa «indicada».

Este último punto es de verdadera importancia en la teoría de la fe. Nos hace comprender, en efecto, que en los conocimientos sobrenaturales de que hablamos no hay que imaginar que el «juicio de credibilidad» constituya un acto distinto. *Es un acto idéntico la percepción de la credibilidad y la confesión de la verdad* [22].

Si la percepción de la credibilidad y el acto de fe forman una sola cosa, del mismo modo que la percepción del vínculo con el asentimiento a la hipótesis, resulta claro que no habrá dificultad en decir con Sto. Tomás que es la luz de la fe la que nos muestra que es necesario creer[23]. Habrá círculo vicioso si se pretende demostrar una determinada proposición por medio de otra, aún no probada y que se apoya en la primera. Pero no habrá ni sombra de tal cosa si decimos que una proposición requiere para ser afirmada la posesión de la facultad espiritual que manifiesta la unión de sus términos, la posesión de la actividad sintética que les une, o, para hablar como los antiguos, de la luz que los esclarece. Así ocurre con el *Credendum est,* si se le tiene como condición de la afirmación de una verdad sobrenatural o –lo que es lo mismo– si se le tiene como una proposición explícitamente enunciada pero *creída* y no simplemente afirmada por la razón natural.

Se acepta que, supuesta presente la fe, su luz puede hacernos ver la credibilidad. Pero en realidad no hay razón para explicarnos de otra manera el *primer* acto de fe, ni para rehusar decir que la luz sobrenatural esclarece el acto mismo por el cual se la adquiere. El indicio es realmente causa del asentimiento que se da a la conclusión, y sin embargo, es la conclusión percibida la que esclarece el indicio y le da sentido. Así, el creer: en cuanto el indicio hace razonable el asentimiento, le precede, y en cuanto el indicio es sobrenatural, le sigue. Hay dos órdenes, el de la racionalidad y el de la sobrenaturalidad. Y según cada uno de ellos, podemos establecer un esquema abstracto. Podemos decir: «Yo veo la virtud de un cristiano; concluyo la santidad divina de la Iglesia; confieso la fe». Y podemos decir también: «Recibo de lo alto una potencia nueva para ver[24]; confieso la santidad de la Iglesia; reconozco, en la santidad de este hombre, un efecto, una aplicación». Estas dos secuencias lógicas no representan más que aspectos, verdaderos e incompletos, de lo real. Sus verdades están unidas, conciliadas en la unidad viva de la afirmación. Y no hay círculo vicioso alguno. Lo habría —o salto en la noche, o afirmación abstracta e indebida— si la verdad afirmada fuera absolutamente anterior a la condición de su afirmación y no fuera suscitada por la causalidad recíproca. Sucede lo mismo en el caso de «Hamlet» o en el caso de una ley natural: el hábito adquirido instantáneamente, lo que podemos denominar *ciencia perceptiva,* precede y sigue a la *ciencia percibida.*

* * *

«Señor mío y Dios mío». «Verdaderamente este hombre era hijo de Dios». En estas exclamaciones del centurión convertido y del apóstol fiel, la tradición ha visto siempre la introducción y manifestación de la fe. No hay lugar, aquí, para un «juicio» distinto «de credibilidad». Pero estas palabras, que relata el Evangelio, ilustran también muy felizmente otro carácter de esta rápida y sobrenatural inducción. Nos parece que explican la creencia con mejor fortuna que mediante lo que ordinariamente entendemos por «demostración de la credibilidad». He aquí en que consiste este último aspecto.

Los signos externos, que hacen ver, son de una variedad sorprendente: la santidad de un buen sacerdote, la curación de un enfermo, la impresión recibida en una fiesta religiosa, etc. En cualquier caso tal signo es conocido como un hecho cierto, envuelto en el conjunto de la experiencia humana y como indicio de una verdad nueva a cuyo orden pertenece. Se le conoce, pues, bajo un nuevo aspecto, como formando parte de otro mundo, el mundo sobrenatural. También muchos teólogos afirman que el *objeto formal*[25] del conocimiento es nuevo. El objeto formal de la inteligencia natural es el ser natural, apropiado al fin natural; el objeto formal del conocimiento de la fe es el ser sobrenatural, perteneciente al orden de la gracia, medio para conducir a la visión intuitiva.

Un mismo ser puede, pues, pertenecer al orden natural de nuestra experiencia y al orden sobrenatural de la gracia; y la gracia interior —ya lo hemos dicho más de una vez— no ofrece nuevos objetos que conocer, pero sí ilumina un aspecto nuevo en el objeto ya conocido. De este modo, la nueva disposición de la divina Providencia, sin choque alguno, sin rupturas, en la vida consciente, sin evasión, sin invasión violenta, *continúa,* mediante la iluminación de la gracia, las claridades del conocimiento natural, y nos hace ver, dentro del mismo círculo de los objetos de nuestro interés, indicios del mundo superior. Discernir en ellos una nueva naturaleza es penetrar de forma más límpida y más profunda su realidad. El apóstol Tomás «vio al hombre y creyó en Dios», como muy exactamente señalan los Santos Padres. Pero Dios y hombre era el mismo Cristo Jesús. Muchos, en nuestros tiempos, han *visto Roma,* es decir una institución magníficamente humana, superiormente razonable y civilizadora, y han *creído en la Iglesia*[26], es decir, en la madre de los hijos de Dios, esposa de Cristo, maestra de la salvación: estos dos conocimientos son muy diferentes; el primero se encuentra a veces sin el segundo. Y, sin embargo, Roma es la Iglesia y la Iglesia es Roma.

Semejante continuidad de dos conocimientos sólo es posible bajo una condición: es necesario que los dos objetos formales, el natural y el sobrenatural, no sean ni *opuestos* ni *dispares* sino que el uno englobe y exceda al otro profundizándolo y perfeccionándolo *interiormente.* De no ser así, la facultad nueva de ver sería experimentalmente perceptible, como la adquisición repentina de un sexto sentido o como la infusión de la contemplación mística en sus grados superiores. La experiencia muestra que para la fe no es así. El ser sobrenatural del que hablamos es, pues, el ser natural elevado. La esencia del ser natural consiste, en último análisis, en su aptitud esencial para servir de medio a los espíritus creados para ascender a Dios, su último fin; la esencia del ser sobrenatural consiste en la capacidad de conducirlos a Dios, objeto de la visión beatífica. Los dos «objetos formales» ya no son opuestos ni dispares como no lo son los dos fines[27].

Por otra parte, así como la inteligencia natural puede engañarse en las notas que son más comprensivas que el ser pero no se equivoca nunca en lo que se refiere a la *razón de ser,* puesto que éste es su objeto formal y la única *razón* que puede *moverla;* así también, y más aún, la luz de la fe es infalible en la manifestación del ser sobrenatural[28]. Las razones para creer, percibidas por la gracia, son necesariamente buenas razones para creer[29].

Su solidez es absolutamente independiente del poder que puede tener la razón discursiva para establecer entre el hecho que sirve de indicio y la credibilidad de la fe cristiana una serie silogística de argumentos. El Espíritu Santo puede comunicar esta credibilidad al alma, tanto iluminando para ella la relación que existe entre la santidad del sacerdote de su parroquia[30] y la santidad divina de la Iglesia, como iluminando la que existe entre el conjunto de la historia de la Iglesia y su dirección por la Providencia de Dios: para ello basta que dicha relación sea real.

Es necesario ir incluso más lejos. En el conocimiento natural, cuanto más ágil y penetrante es la inteligencia, tanto más basta un ligero indicio para inducir con certeza una conclusión. Ocurre lo mismo en el conocimiento sobrenatural. Cuanto más sensible es el alma a las llamadas del Espíritu Santo tanto más fácil le será, por medio de los signos ordinarios y cotidianos —ya no «extraordinarios» ni «milagrosos»— llegar al asentimiento de la fe cristiana[31]. Por esta razón una tradición indiscutible que se remonta al Evangelio mismo dedica alabanzas a aquellos que para creer no han necesitado prodigios. No son alabados por haber creído sin razón: ello no sería sino criticable. Pero se ven en ellos almas verdaderamente iluminadas y capaces, a partir de un mínimo indicio, de captar una gran verdad. La experiencia, por otra parte, ¿no muestra que, cuando el Espíritu Santo visita el alma con su consolación, ésta ya no puede dudar, por así decirlo, y ve en todas las cosas signos manifiestos de la verdad? «Piensa en no importa qué —dice el autor de L'Aiguillon d'amour— y encontrarás materia abundante para amar a tu creador». Santos ha habido que entraron en éxtasis a la vista de un tallo de hierba. Igualmente en la fe: cuando la luz divina es sensible a un alma, toda la historia del mundo le parece probar la misión de la Iglesia, la palabra o el hecho más corriente la llena de certeza o de paz. Estas cosas no se pueden expresar en frases. Pero la Iglesia, al definir que hay motivos sacados de signos externos, no ha definido nunca que sólo los hubiera expresables. Expresados, éstos de que hablamos, al que no posea el Espíritu le podrán parecer despreciables. Pero el que ama, ése reconocerá a la Esposa «por uno solo de los cabellos de su cabeza».

* * *

Después de haber esbozado a grandes rasgos la manera como puede, en ciertos casos, representarse la percepción de la credibilidad por la gracia, debemos examinar si conviene generalizar esta explicación y renunciar, por consiguiente, a la idea de la fe científica y a la idea de la credibilidad puramente natural. Los datos precedentes no nos bastan; para estudiar el acto de fe en sus elementos esenciales es necesario formarse una idea clara de la actitud de la libertad humana, de la *piadosa voluntad de creer.* Mostrando que la *libertad* entera y la *razonabilidad* perfecta del acto de fe no pueden conciliarse más que por su *sobrenaturalidad,* penetraremos más adentro en la organización interior de este acto y precisaremos ciertos rasgos que el precedente bosquejo ha debido necesariamente dejar algo vagos.

NOTAS

1 I Jn 4, 6; Jn 18, 37.

2 No se hace otra cosa que darle vueltas al problema cuando se pregunta lo que distingue el acto de fe del católico del de
un hereje o de un mahometano, aunque el proceso psicológico
parece absolutamente análogo.

3 «La fe, en principio, en su raíz, es por infusión y en este
sentido se da por el bautismo; pero en cuanto a su determinación es por el oído, y, así, el hombre es instruido hacia la fe por
el catecismo» (*In 4 Sent.*, d. 4, q. 2 a; Sol. 3 ad. 1).

4 Gregorio XVI ya había condenado este principio de
Hermes, «*rationem principem normam ac unicum medium esse quo
homo assequi possit supernaturalium veritatum cognitionem*» (Breve
Dum acerbissimas, del 26 sept. 1835; D. 1619) («La razón es la
norma principal y medio único por el que pueda el hombre
alcanzar el conocimiento de las verdades sobrenaturales»). Se
trata, en este caso, de la razón práctica. Hermes nunca dijo que
un asentimiento natural pudiese ser un acto saludable; afirmó
precisamente lo contrario. Este es el sentido de su distinción
entre *fe de conocimiento* y *fe del corazón*. Pero esta fe del corazón no

era sino un abandono, un resignarse de sí mismo a Dios: la fe, en cuanto conocimiento, sería natural, y la fe sin la caridad, la fe «muerta», no sería una gracia. Lo sobrenatural de la fe no podría ser intrínseco a ésta; deriva totalmente de la caridad. La Iglesia ha querido subrayar, condenándole, que la fe, incluso como conocimiento, es una gracia. Es lo que se infiere de las notas 14 y 17 del esquema de los teólogos del Concilio (col. 527 y 529 de las *Acta Concilii Vaticani,* tomo VII de la *Collectio Lacensis*). Tampoco hemos de creer que Hermes concedía demasiado a la razón en el sentido de que creyese que los dogmas podían demostrarse intrínsecamente; porque, por más que en este punto haya podido excederse un poco, sin embargo enseñó que era necesario investigar la causa del asentimiento a los misterios en la demostración del hecho de la revelación. Pueden verse los pasajes a los que nos remite Denzinger, *Vier Bücher von der religiösen Erkenntnis,* t. I, p. 240; cfr. las confesiones de Perrone, adversario encarnizado del hermesianismo, en las *Démonstrations Evangéliques,* de Migne, t. XIV, col. 960.

⁵ La doctrina de la «experiencia interior» y de la «inspiración privada» ha sido condenada como herética: 1) en cuanto se presenta como el esquema universal y necesario de la génesis de la fe; 2) en cuanto que excluye los signos externos. El primero de estos dos puntos está claramente señalado por la historia del Concilio: los Padres, al corregir la relación primitiva de los teólogos y añadir la palabra *debere,* han querido demostrar que reservaban enteramente la posibilidad del caso en el que el Espíritu Santo haría creer por motivos puramente interiores (*Acta,* 187 a, cfr. 164 a, 787 a; cfr. Granderath, *Constitutiones dogmaticae SS. oec. Conc. Vaticani explicatae,* p. 98, n. 3; Vacant, *Etudes théologiques sur les constitutions du concile du Vatican,* t. II, pp. 37-38). El segundo punto aparece suficientemente en la forma misma del canon: «*Si quis dixerit, revelationem divinam externis signis credibilem fieri non posse ideoque sola interna cuiusque experientia aut inspiratione privata homines ad fidem moveri debere, anathema sit*» (canon III, *De Fide*) («Si alguno dijere que la reve-

44

lación divina no puede hacerse creíble por signos externos y que, por lo tanto, deben los hombres moverse a la fe por sola la experiencia interna de cada uno y por la inspiración privada, sea anatema» (D. 1812). Hay que guardarse tanto de extender indebidamente como de restringir excesivamente el alcance de esta condenación. Se la restringiría en exceso o más bien se la anularía, si se admitiera como único esquema legítimo de la génesis de la fe aquel en el que el hombre realizase en su corazón, y sin visión alguna de signos externos, el acto de creer en la revelación divina, *por más que luego tuviera que reconocer, por la conformidad con esa revelación interior, la verdadera Iglesia entre todas las sociedades históricas y visibles que alegan su vinculación a Cristo.* El Concilio, en tal caso, no habría sino condenado el solipsismo religioso, el individualismo absoluto. Pues bien, el Concilio pretendió efectivamente algo más y excluir ciertas concepciones de la experiencia religiosa interior que la convertían finalmente en el discernimiento de una Iglesia exterior (véanse los textos de los protestantes citados en las notas del esquema de los teólogos, *Acta,* col. 528, notas 1 y 2; véase también Denzinger, *Vier Bücher von der religiösen Erkenntnis,* t. II, p. 301 ss.; de estas páginas parece que los teólogos del Concilio tomaron lo que dicen de los protestantes; las citas que hacen se encuentran todas en aquéllas, y por otra parte nos remiten expresamente a ellas, *Acta, l. c.,* nota 2). No escaparíamos de la condenación del Concilio —creemos— manteniendo la necesidad de un *hecho exterior,* sino planteando, como ley universal y necesaria, que sólo es discernido por el *hecho interior* conocido aparte y en primer lugar. Pero extenderíamos indebidamente el alcance de la sentencia conciliar, haciéndole condenar la teoría que explica la génesis de la fe por el encuentro del *hecho interior* y del *hecho exterior,* uno y otro igualmente necesarios. Desde el momento en que el hecho interior no es la medida ni la regla, primeramente percibida, desde la cual juzgar el hecho exterior, esta teoría escapa a la herejía proscrita. Este encuentro de dos hechos puede además ser concebido de diversas maneras. Si se quiere que al

45

conocimiento del hecho exterior se une necesariamente el del hecho interior, *tamquam objecti cogniti,* no se es merecedor, que yo sepa, de censura teológica, pero la explicación no me parece conforme a la experiencia ni a la analogía de la concepción católica. Hay que decir, me parece, y ésta es la concepción que defenderé en este trabajo, que una cierta disposición voluntaria producida por la gracia es indispensablemente necesaria a todo acto de fe legítimo y a toda percepción cierta de credibilidad, *no como un hecho interior visto sino como los ojos para ver el hecho exterior.* El «hecho interior» es, pues, «esclarecedor más que esclarecido, inteligente» más que inteligible tomando algunas excelentes expresiones de M. Mallet *(¿Qué es la fe?,* París, 1907, p. 30).* (Otras formas de expresión del mismo autor –p. 29, p. 32– nos parecen requerir una conciencia expresa del hecho interior, una percepción de la inquietud religiosa *ut motivi cogniti,* pero no sé si las he comprendido bien). El amor sobrenatural sustentado por la gracia (que no es necesariamente el amor santificante, el amor de caridad: cfr. Sto. Tomás, *De Veritate,* q. 14, a. 2, ad 10) no está conscientemente *representado,* los ojos de la fe no se ven. No se tiene conciencia de ellos, sino en cuanto se ve el objeto por ellos, en cuanto los abrimos, en cuanto los ejercitamos. Así pues, yo resumiría así la diferencia entre la concepción protestante apuntada por el Concilio y la concepción católica tal como la comprendo: la primera requiere una gracia *perceptible* y la segunda, una gracia *perceptora.* Todo gira en torno a la diferencia entre *sensa perceptibilia* y *sensus percipiens. Dedit nobis sensum,* dice S. Juan: «y nos dio el sentido para que conozcamos al verdadero...» (I Jn 5, 20).

[6] Los teólogos de las escuelas más diversas concuerdan en esta opinión. «Convienen en pensar –escribe M. Vacant– que no es imposible al hombre adherirse a las verdades reveladas en virtud de la autoridad de Dios que revela, por adhesiones naturales que no serían la fe sobrenatural pero que se le parecerían por más de una razón» *(op. cit.* t. II,p. 74). «Que pueda haber –dice M. Bainvel–, una fe meramente natural a la palabra de Dios lo admi-

46

ten todos los teólogos y lo dicta el buen sentido..., tiene una seguridad, un abandono, una certeza absoluta» (*La Foi et l'Acte de foi*, París, 1908, p. 159; cfr. p. 172). Igualmente el P. Gardeil: «Asimismo todos los teólogos admiten que la creencia natural, la «fe científica», a la verdad revelada, es la salida normal, posible en sí, de la búsqueda de la credibilidad» (*La credibilité et l'Apologétique*, París, 1908, p. 23). Lo mismo, el P. Hilaire de Barenton de la escuela franciscana (*Etudes franciscaines*, sep. 1908, p. 239); también el P. Billot, cuyas afirmaciones son particularmente claras (*De Virtutibus infusis*, 1, pp. 76-77), etc. Hablan asimismo, y es lógico, de la posibilidad de una demostración puramente racional de la credibilidad, entendiendo por tal *ya sea* la posibilidad de demostrar el hecho mismo de la revelación, *ya sea* la posibilidad de demostrar la legitimidad del acto de fe (puesto en virtud de un principio reflejo, aun cuando el hecho del testimonio divino no esté rigurosamente probado. Ver los numerosos autores citados por el P. Hugueny en la *Revue Thomiste*, mayo-junio 1909, pp. 275-298). Demostración de la credibilidad (en el sentido amplio o estricto) y posibilidad de la fe natural cierta van juntas. Todos reconocen, en efecto, que los enunciados revelados presentan a la razón natural un sentido inteligible: por consiguiente no se puede –parece– atribuir a esta razón el poder de adherirse al *hecho* de la revelación y negarle el poder de dar a su *contenido* una adhesión proporcionada.

No carece de interés, para conocer los lazos filosóficos de este concepto de fe natural, esbozar los orígenes históricos del mismo. Lo intentaremos en una nota separada. Observemos aquí que la concepción en cuestión, en su forma más rigurosa, ha penetrado en la enseñanza corriente: entre los fieles de cierta cultura, entre los muchachos inteligentes de corta edad, en las escuelas católicas, etc., muchos se representan el acto de fe como encerrando un acto de ciencia natural. «Soy católico porque la divinidad de la Iglesia está *científicamente* demostrada por los profetas, los milagros, los monumentos tanto del Antiguo como del Nuevo Testamento» («Carta de un padre de familia», citada en *La Croix* del 2 de dic. 1909, p. 1 última columna. La cursiva no es mía).

[7] Así el P. Billot en el pasaje citado más arriba.

[8] Franzelin dijo, en el discurso que pronunció el 11 de junio de 1870 ante 24 diputados del Concilio, sobre el esquema de los teólogos: «Tenendum etiam est gratiam Dei internam supplere id, quod *pro huiusmodi hominibus* (los iletrados) deficit in propositione fidei externa» (*Acta,* 1623, a) («Hay que afirmar que la gracia interna de Dios también suple aquello que para tales hombres es deficitario en la proposición externa de la fe»). Las palabras en cursiva muestran que este auxilio –en su pensamiento– es accidental; se ve aún más claramente por la manera como habla en otras partes (*De Traditione et Scriptura,* p. 684).

[9] Todos, por otra parte, admiten con agrado que en la práctica es difícil o moralmente imposible creer en el cristianismo con una fe meramente natural. (Franzelin, *l. c.,* p. 688; Billot, *l. c.,* pp. 77-78). Entonces se podría decir: ¿para qué disertar sobre una posibilidad abstracta si sólo cabe entenderse sobre lo real?, ¿por qué aferrarse a eso que se llama impotencia física y no solamente impotencia moral? La discusión quizá tenga poca importancia para el apostolado individual; la tiene, y considerable, para la teoría del conocimiento religioso, el cual, según uno se decida en un sentido o en otro, cambia totalmente de aspecto.

[10] Véase P. Gardeil en su libro claro y vigoroso *La Credibilité et l'Apologétique,* p. 97 y ss.

[11] Tomo esta fórmula, que caracteriza estupendamente la teoría de la fe científica, de M. de Séguier, *Annales de philosophie chrétienne,* t. 37, p. 276 (dic. 1897).

[12] «*Nulla difficultas quoad doctos*» (Mazella, *De Virtutibus infusis,* p. 794; cfr. p. 394. Schiffini, *De Virtutibus infusis,* p. 262.

[13] «*Equidem cum Lugo et aliis censeo* –escribe Viva– *non esse recurrendum ad illustrationem supernaturalem spiritus sancti, ad hoc ut habeatur in pueris et rudibus sufficiens evidentia credibilitatis contra-*

distincta a mera probabilitate... ita quilibet intra se...: Ego indoctus in rebus a me ignoratis, ac praesertim religionis, stare debeo iudicio sapientium et piorum, sed parochus est sapiens, ac pius: ergo eius iudicio mihi standum est, et illa teneor credere quae mihi credenda proponit...» (Viva, *Damnatae theses,* pp. XXI de Inocencio XI, n. 10). («Yo ciertamente con Lugo y otros juzgo que no hay que recurrir a una ilustración sobrenatural del Espíritu Santo para que se dé en los niños y en los rudos una evidencia suficiente de la credibilidad, contradistinta de la mera probabilidad... así p. e. alguien dentro de sí: yo, no ilustrado en cosas que ignoro y sobre todo de la religión, debo sustentar el juicio de los sabios y piadosos; el párroco es sabio y piadoso: por tanto debo sustentar su juicio y estoy obligado a creer aquellas cosas que me propone para ser creídas...»). Es la explicación usual, repetida por un sinnúmero de autores. ¡Qué fundamento tan débil para la fe sobrenatural! ¿Dónde está la diferencia respecto del infiel? ¿Y si el niño prefiere al maestro que a su párroco?

[14] *De Veritate,* q. 18, a. 6.

[15] Algunos, sin embargo, como Suárez, *De Fide,* disp. 4, sect. 5, n. 9-10, conciben la influencia de la gracia como intrínseca, como complementaria de los motivos.

[16] Juan de Sto. Tomás, *Cursus theologicus in IIam IIae, De Fide.* disp. 3, a. 1, s. 2, n. 3: *«Ex parte obiecti addit aliquam repraesentationem,* non quidem penetrando veritatem sed convenientiam obiecti ut moveat ad assensum»* («Por parte del objeto añade cierta representación que no penetra la verdad sino la conveniencia del objeto con el fin de que mueva al asentimiento»). La cursiva es mía.

[17] Una discusión reciente ha enfrentado a dos teólogos de gran autoridad, M. Bainvel y el P. Gardeil, sobre la cuestión que aquí tocamos (*Revue pratique d'apologétique,* mayo, junio, agosto, noviembre 1908). No trato en modo alguno aquí de resumir sus explicaciones sugerentes y matizadas; séame tan solo permitido expresar que la impresión que se desprende de estos debates me parece confirmar claramente lo que digo en el texto. M. Bainvel

establece perfectamente, según me parece, la proposición que así enuncia: «Los sencillos tienen razones realmente suficientes para creer, por más que no se hallen en condiciones de sistematizarlas... No se trata tanto... de «suplencias subjetivas» de lo que habría que hablar —cuando se trata de credibilidad— sino más bien de ayudas para la percepción directa y espontánea de motivos realmente válidos» (1 mayo, p. 188). Por otra parte, resalta de la argumentación de su adversario que esta percepción no es cierta sin la gracia (y M. Bainvel no lo contradiría, al menos en la cuestión *de hecho*). Todo está, pues, en ver cómo la gracia puede hacer percibir, con certeza objetiva y verdadera, razones que no serían sino probables para la inteligencia natural abandonada a sus propias fuerzas; en señalar a la gracia una función entre los dos papeles que a menudo nos limitamos a apuntar: la *instrucción objetiva* o revelación (contraria a la experiencia) y la *impulsión subjetiva* o afectiva (incapaz de cerciorar). Este papel de término medio es lo que tratamos de precisar en el presente artículo: en lo que seguirá se abordará la teoría tomista del conocimiento como modo de atracción, a la cual el P. Gardeil nos conduce con tanto acierto: trataremos de determinar en qué condiciones este atractivo puede cumplir el papel aquí definido, el cual no es precisamente el de *suplir* sino el de *operar* el conocimiento, *hacer ver* y no *dispensar de ver.*

[18] Si la ciencia es «é x i s», no debe ser considerada aquí como un *haber* sino más bien como lo que la escolástica entiende por un *habitus.*

[19] Newman, *Loss and Gain,* III, 5.

[20] En lenguaje escolástico: *«esse quod significat compositionem et divisionem intellectus»* no es, como el ser predicamental, una nota de la *esencia.*

[21] Es decir, que si el indicio es percibido como probable, la hipótesis que prueba no es afirmada más que como probable, etc.

[22] La credibilidad percibida a la luz de la gracia no es, pues, en modo alguno, *obiectum quod,* es decir, término de conocimiento,

objeto pensado; es *quo* o *sub quo,* es decir, condición del objeto. Los autores antiguos conciben así su papel, pero sólo en ciertos casos. (Véase por ejemplo Juan de Sto. Tomás, *Cursus theologicus in Iam IIae,* disp. 2, art. 3, n. 12 ss.).

[23] IIa, IIae, q. 1, a. 5, ad 1; cfr. *ibid.* a. 4, ad. 3.

[24] Esta potencia no se adquiere sino por un acto de voluntad, la *«oboeditio fidei»,* el *«pius affectus credendi»,* como lo mostraremos en la segunda parte de nuestro estudio. La conjunción de los dos objetos aquí indicada está pues lejos de agotar la compleja realidad del acto de fe, el cual reúne en su *unicidad* viva eso que tan frecuentemente se desparrama en un gran número de «juicios» y «mandatos».

[25] *Ratio sub qua.*

[26] Ver, por ejemplo, P. Loewengard, *La Splendeur catholique,* p. 163 y ss., París 1910.

[27] *«Finis supernaturalis et finis naturalis non sunt fines disparati, et non differunt sicut duo opposita, sed solum sicut quod excedit et quod exceditur»* (L. Billot, *De Gratia Christi,* Roma 1908, t. I, p. 46) («El fin sobrenatural y el fin natural no son dos fines dispares y no difieren como dos dimensiones opuestas sino sólo conforme a lo que excede y a lo que es excedido»). Ningún teólogo moderno ha dado más relieve a esta idea esencial que el autor de este notable libro. Todos aquellos a quienes interesa la cuestión de la naturaleza y lo sobrenatural creo que lo leerían con gusto y provecho; incluso si no son de formación escolástica. Si por otra parte desean tomar contacto con las doctrinas de la escuela, ¿no ganarían con el trato con un espíritu original y poderoso (aunque les choque su austera rigidez en algún momento), más que con la lectura de un manual incoloro cualquiera cuya sabia mediocridad les aburrirá?

[28] Cfr. Sto. Tomás, *In Boetium de Trinitate,* q. 3, art. 1, ad 4.

[29] Cuando decimos que un hombre cree por una razón que sólo es probable «en sí misma», o bien tal palabra no tiene sentido, o bien significa que la razón, no siendo capaz de generar legítimamente más que una probabilidad en la inteligencia

51

humana, es demasiado débil para percibir a fondo la realidad del fenómeno de que se trata.

[30] La imposibilidad de expresar esta conexión en palabras y en conceptos no impide por nada del mundo su certeza y su intelectualidad. Los ejemplos de tal impotencia abundan en el ejercicio mismo natural de la inteligencia como sentido ilativo.

[31] No es preciso creer que el signo de la Iglesia, del que habla el Concilio Vaticano, deba tomar necesariamente la forma de una consideración acerca del conjunto de la historia eclesiástica o incluso acerca de la acción total de la Iglesia en el mundo en el momento en que vivimos. La «santidad de un gran cristiano» o «los frutos maravillosos de la comunión», todo esto entra en la «prueba de la Iglesia».

COMENTARIOS

I. Los resultados adquiridos por la investigación exegética y las conclusiones a las que llegaba la historia de los dogmas coincidían en este punto: existe una dependencia entre el mensaje bíblico y las fórmulas de la fe por un lado, y la situación sociocultural en la que fueron elaborados y proclamados, por otro. Tal conclusión –fruto de la aplicación del método histórico-crítico– introducía en la confesión de la fe una *conciencia de relatividad*. Y con ella se planteaba la discusión acerca del significado religioso de las expresiones dogmáticas ante todo. Ampliando y radicalizando el alcance de tal discusión se llegaba a plantear también el significado religioso del Jesús histórico, de la Iglesia e incluso de la revelación histórica. En pocas palabras: se planteaba en el fondo una cuestión teológica decisiva, la relación entre «verdad» e «historia». Sin embargo el problema concreto que estudia Rousselot en su trabajo se ciñe al acto de fe, el cual quedaba afectado por aquella cuestión, pues en él entran a formar parte el «asentimiento» (afirmación absoluta de verdad) y la percepción de los signos de credibilidad (históricos).

II. El conocimiento por connaturalidad se opone al conocimiento lógico. De todos modos sigue siendo intelectual. La «afinidad» que dicho conocimiento por connaturalidad produce entre el sujeto y el mensaje cristiano en lugar de sustituir, en el sujeto, la búsqueda del significado de los signos de la revelación, por el contrario se lo «abre». Ya antes Newman había hablado del «sentido ilativo». También Gardeil había hablado del conocimiento «atractivo». La función que Rousselot adjudica al conocimiento por connaturalidad es más que psicológica (a diferencia de Newman) y más que supletoria (a diferencia de Gardeil). Se trata de una función operativa, «hacer ver».

III. «En el individuo»: P. Rousselot se interesa por el acto de fe tal como se presenta efectivamente en el orden concreto de un mundo en el que Dios llama a los hombres a un fin sobrenatural y les da la gracia necesaria para llegar a él. *De hecho* la gracia ilumina a la razón, cuando ésta se aplica a discernir los signos de la revelación. Se trata de un hecho, de una necesidad histórica (admitida la revelación). La tarea principal de la teología se ocupa en ir deletreando la economía *real* de la revelación. En este sentido el pensamiento de Rousselot se caracteriza por un «profundo realismo». No negará Rousselot el valor de los signos de la revelación. Pero, al aplicarse a justificar teológicamente la certeza de la fe cristiana, no podía dejar de afirmar que nacía de la iluminación de tales signos por parte de la facultad perceptora sobrenaturalizada. Cuestión distinta es preguntarse si tales signos *podrían* manifestar la credibilidad de la revelación a la razón natural; si ésta podría por sí misma percibir en ellos su significado. Esta pregunta –que ha ocupado largamente a la teología del acto de fe– brota a partir de otra posición del problema. La pregunta de Rousselot se ocupa en explicar un hecho; la otra se ocupa en explicar una posibilidad. De esta segunda Rousselot no se ocupó, por lo menos explícitamente. De todos modos hay que reconocer que ambas preguntas no se pueden separar tan adecuadamente como a simple vista parece. La distinción real, aunque inadecuada, de ambas preguntas –ya desde el principio– tiene la ventaja de otorgar al tratamiento del problema del acto de fe un carácter decididamente *teológico*. El tratamiento inicial del problema partiendo de la posibilidad –antes descrita– puede tener la desventaja de establecer una percepción «preambular» de los signos de la revelación. El tratamiento teológico del problema toma a la fe «tal como es» de hecho, en su unidad viviente. El tratamiento preambular del problema puede tener la desventaja de deslizarse hacia un «dualismo». La diferente posición ante el problema del acto de fe no es arbitraria. Depende no sólo de la intención del teólogo sino también de la situación cultural, eclesial y social en la que vive. Resultaría incorrecta aquella posición que excluyera —en sus conclusiones— lo legítimo de las otras; aquella posición que convirtiera los procesos reales de hecho en interpretaciones exclusivas de derecho; que identificara la práctica del acto de fe, sin más, en teoría teológica; la que negara, para decirlo más concretamente, la prioridad lógica de la credibilidad respecto del asentimiento (sobre todo si tenemos en cuenta que incluso el proceso de formación de la credibilidad también está todo él moviéndose dentro de la gracia que previene, acompaña y fortalece su generación).

IV. Quedan excluidas dos posiciones extremas:

a) La que explica teológicamente la realización práctica del acto de fe sin otorgar a la gracia poder y función iluminantes algunos.

b) La que explica teológicamente la realización práctica del acto de fe mediante una «conciencia experimental objetiva» de su contenido.

En un caso el contenido de la fe es accesible a la razón, y en el otro es medido por la subjetividad.

En ambos la fuerza iluminante de la fe es sustitui-
da por el poder de la «razón que busca» o del
«corazón que siente». En cada uno de los dos casos,
en el fondo no se hace más que buscar principios de
interpretación de la fe externos a ella misma, con
las consecuencias prácticas que ello no sólo puede
comportar sino de hecho ha comportado, tanto en
el plano de la teología de la fe como en el plano de
la conciencia creyente.

V. Al intentar explicar teológicamente el acto
de fe relacionando entre sí las exigencias que el
Vaticano I había establecido para una correcta
comprensión de la fe cristiana, los teólogos elabo-
ran el concepto de *fe natural;* «fe natural adquirida
y legítimamente cierta». Así creyeron poder explicar el asentimiento creyente deductivamente, a
modo de conclusión. Esta explicación teológica,
sin embargo, poco a poco iba convirtiendo los signos de la revelación en argumentos científicos. La
falta de sentido histórico, el desconocimiento de la
aplicabilidad del método inductivo, que las ciencias iban formulando, una filosofía algo rudimen-
taria, una cierta incapacidad para comprender el
sentido de dificultades y problemas epistemológi-
cos... determinaban la posición, más apologética
que teológica, que elaboró el concepto de «fe natural». Mediante este concepto se intentaba salvaguardar –dentro de un marco de un inconfesado
racionalismo aunque mitigado– la certeza de la
fe, más allá de la relatividad que, desde la inves-

tigación histórica y desde la sospecha ideológica, la amenazaba. La función del concepto de «fe natural» consistía en asegurar el carácter responsable de la fe (ante la razón). La fe encontraba, mediante dicho concepto, un asentimiento que la diferenciaba tanto de la evidencia inmediata como de la arbitrariedad subjetiva. La realización práctica del acto de fe quedaba, así, legitimada mediante la «idea reguladora de fe natural». Sin embargo, dicho concepto (hijo del prejuicio, más o menos explícito, de la época, por el que se privilegiaba el tipo «científico» de certeza) falseó de hecho y a la larga la auténtica naturaleza y sentido de «las razones de creer».

Dado que el proceso real de la formación de la fe natural supone siempre cierto grado de cultura, conocimientos, oportunidades, en definitiva encontrarse dentro de una tradición y situación en la que, por decirlo de alguna manera, se contaba con una naturalización cultural de «lo sobrenatural»; donde y cuando todo ello no se da, difícilmente la «fe natural» resulta aceptable y funcional. Dado, por otra parte, que también sin «fe natural» de hecho se da el asentimiento creyente, difícilmente la «fe natural» resulta exigible. Por todas estas razones, los teólogos echaron mano de «suplencias» (extraordinarias) para explicar la realización práctica del acto de fe: venían a llenar el hueco abierto por las dificultades de adquirir una fe natural y a explicar el hecho del asentimiento creyente, aun sin contar con ella. Asistimos así a una paradoja que frecuentemente suele acontecer en teología cuando ésta atiende más a las exigencias lógicas que a los retos de la realidad concreta: ¡una explicación teológica excesivamente racional resultaba poco funcional! Porque, en el práctica, la fe natural invadía de tal manera el proceso real de la formación del asentimiento creyente que se convertía en un «doblaje» racional de aquél (lo que Rousselot llama «dualismo»). Dualismo entre «proceso racionalmente pensado» y proceso «prácticamente vivido». Por lo demás creemos que ante la posición teológica que elabora el concepto de fe natural deberíamos preguntarnos si refleja o no y hasta qué punto el espíritu de la Escritura; si da cuenta suficientemente del papel que tiene la libertad en la realización práctica del acto de fe; si presta suficiente atención al carácter histórico de los signos cuyo conjunto constituye la dimensión de «credibilidad» del mensaje cristiano; si respeta debidamente el carácter escatológico de lo por ellos significado. Resumiendo: en la teología que elaboró el concepto de fe natural late una epistemología teológica deficiente, deudora, más o menos conscientemente, del racionalismo al que quería apologéticamente responder.

VI. «Certezas respectivas» son aquellas que caracterizan a la «credibilidad» como tal. Es decir, aquellas certezas «relativas» a signos, situaciones, argumentos, procesos que las configuran. Y que, por tanto, se distinguen de una simple probabilidad por un lado y de una certeza «absoluta» por otro. No excluyen tampoco dudas que subsisten. Se trata en definitiva de «certezas morales». Aquellas que caracterizan a este «estado intermedio» entre el asentimiento absoluto y la simple probabilidad que llamamos ¡credibilidad! Dado que Rousselot no considera suficientemente este «estado intermedio», tampoco considera a las «certezas respectivas» como suficientes. No se puede negar que tal «estado intermedio» es *en la práctica* no sólo difícil de adquirir sino también en sí mismo «inestable». Lo cual sin embargo no implica que deba ser negado.

Por «principios prácticos reflejos» se entiende aquellas exigencias de la conciencia en virtud de las cuales se siente uno imperativamente inclinado a «dar culto a los dioses de su ciudad» por ejemplo. Tales principios prácticos reflejos o imperativos morales tampoco son suficientes para generar una certeza objetiva perfecta acerca no sólo de la sinceridad y autenticidad de un comportamiento personal, sino también de la objetividad y verdad de aquello ante lo cual se adopta tal o cual comportamiento.

VII. La «idea clave» de Rousselot en orden a explicar teológicamente el acto de fe radica en la función que otorga a la *actividad sintética de la inteligencia* como facultad «perceptora» del sentido ofrecido en y por los signos de la revelación. Con ello esboza toda una epistemología teológica que en su tiempo representó una novedad y que en la actualidad –creemos– todavía está por explotar debidamente.

Como el mismo Rousselot dice, el problema –en el plano epistemológico– que el acto de fe plantea a la teología implica una teoría acerca de las relaciones entre naturaleza y sobrenatural, una comprensión previa –refleja o no– de lo que comporta para el conocimiento el hecho de no sólo dirigirse hacia un objeto sobrenatural, sino también y sobre todo producirse él mismo –transformadamente– en el plano a la vez histórico y sobrenatural. La teoría en virtud de la cual podemos desarrollar –estilizadamente– el proceso sobrenaturalizado del conocimiento de la fe tendría los siguientes pasos:

a) El asentimiento creyente se produce por la conjunción entre un «hecho externo» (anuncio) y un «hecho interno» (llamada), allá donde entran en juego la «historia» (signos de revelación) por un lado y «lectura efectiva» de los mismos.

b) Este juego entre «hecho interno» y «hecho externo» da lugar a una interpretación del carácter significante de los signos. Sin embargo, hay que distinguir entre interpretación y penetración de aquello que los signos dan a interpretar y eventualmente a penetrar.

c) La auténtica penetración, el asentimiento efectivo, el reconocimiento eficaz, la opción personal, el juicio de «verdad», la afirmación de la «realidad» de lo ofrecido por los signos de la revelación; o dicho en otras palabras, la integración entre historia y verdad, naturaleza y libertad, entendimiento y voluntad; la *realización práctica* —en suma— del asentimiento creyente se da más allá del conocimiento meramente conceptual (plano de la representación) y más allá del imperativo moral (plano de la inclinación razonable). Se da en lo que clásicamente se llama «juicio por connaturalidad». De tal manera que ni el mero juicio de credibilidad, ni la mera inclinación interior, ni el puro conocimiento conceptual dan cuenta por sí mismos del asentimiento práctico e integral, propio y típico de la fe cristiana entendida tanto en su dimensión religiosa como en su dimensión epistemológica.

d)   Todo este proceso está transido de una «razonabilidad inmanente». El creyente al creer «sabe» lo que hace y por qué lo hace, y su asentimiento está revestido de una firmeza que últimamente no radica en un conjunto de razones percibidas sino en una percepción transconceptual («apercepción») que no por ello deja de ser razonable. Pero si por una parte todo dicho proceso cuenta con esta «razonabilidad inmanente» a él mismo; por otra su término, su punto de llegada le desborda. Dicho con otras palabras: no hay por qué oponer entre sí «razonabilidad inmanente» y «desbordamiento práctico», no hay por qué oponer razonabilidad y gratuidad. Hay que tener en cuenta sin embargo que esta «razonabilidad inmanente» no responde a las exigencias de la «razón teórica». Hay en la vida real procesos de «re-conocimiento» práctico que no sólo no obedecen a las exigencias de la «razón teórica», sino que incluso condicionan a ésta.

VIII. Entre el enunciado de un no creyente y la afirmación del creyente acerca de lo mismo, aunque no haya diferencia en torno a las notas conceptuales, sí que la hay –y total– por lo que toca al asentimiento. La diferencia que media entre lo que no es y lo que es. Por un lado, un punto de vista, y por otro reconocimiento de una realidad. Es una diferencia que es un hecho elemental. Diferencia que radica en el «acto vivo», en la experiencia que en un caso se da y en el otro no. Pero lo que con la palabra experiencia podemos entender es muy diverso: o bien lo simplemente empírico, parcial, fragmentario, inmediatamente dado en los sentidos y no criticado; o bien «lo experimental», es decir la experiencia consciente, provocada, que puede ser medida y que, manipulada y coordinada, da lugar a la ciencia; o bien lo que se puede llamar «experiencial», que nos habla de la experiencia tomada en su totalidad personal y estructurada con lucidez y donación de sí. Pues bien, el nivel al que nos referimos con la palabra «experiencia», al hablar de la diferencia que media entre el enunciado de un no creyente y la afirmación del creyente, es el tercer nivel. Lo que normalmente llamamos «experiencia espiritual auténtica».

No se trata de algo meramente pasivo, sino también «activo», pues incluye un compromiso, implica permanencia. Es en definitiva el origen y marco de un proceso que podríamos llamar de «sustitución» o «desdibujamiento» en virtud del cual nos vamos «descentrando»: por el cual, entre otras cosas, vamos adquiriendo conciencia más y más de la dimensión «fiducial» de nuestra existencia. Se trata del paso progresivo de una fe pensada a una fe real, mediante una perseverante actividad «ascética» que habla del carácter «dado» de la vida teologal y cuya verdad más profunda consiste en definitiva en «dejar que Dios sea Dios».

IX. La percepción del indicio como tal es simultánea a la percepción de la ley de la cual un hecho es indicio. Se da la percepción de la recíproca causalidad entre ley e indicio o indicio y ley. Tal percepción se produce en virtud de un juicio por connaturalidad. Este juicio radica fundamentalmente en «integrar» el hecho o conjunto de ellos en el campo de «interés» que mueve al conocimiento, mediante la actividad sintética de la inteligencia. Esta operación de «integración» constituye la «auténtica comprensión» que es algo más que pura intelección conceptual o mera inclinación volitiva.

X. La posición de Rousselot, contra las apariencias más inmediatas, está lejos de poder ser tildada de «iluminista». La clásica diferenciación entre «verdad sobrenatural» de la fe y «verdad natural» de la credibilidad tenía como finalidad preservar el carácter gratuito del asentimiento creyente. De todos modos se trataba, a nuestro modo de ver, de una «inmunización» de la verdad de la fe. A lo largo de años hemos asistido al diverso tratamiento de este problema ya antiguo. Al balanceo entre la obsesión de la credibilidad (apologética) y la naturalización de la fe (más recientemente). En medio de este vaivén cabe reconocer que la posición de Rousselot —no exenta de ciertos toques individualistas— mantiene el elemento racional y lógico. Los «ojos de la fe» en definitiva son el resultado de la transformación de la razón que es capaz de «penetrar más» el significado de los signos de la revelación. No cabe duda de que tal posición da cabida con una fuerza «más integradora» al ejercicio de interpretación, crítica y ponderación dentro del mismo proceso global presidido por los «ojos de la fe».

XI. La credibilidad de la fe cristiana ha sido establecida por la reflexión teológica a lo largo de los últimos años por distintos caminos: en unos casos —como ya hemos visto— separando su estatuto respecto del propio de la misma fe cristiana y estableciéndolo por caminos racionales; en otros, estableciendo una «correlación» entre la fe cristiana y la subjetividad humana; en otros, desentrañando las consecuencias prácticas que del asentimiento creyente se derivan. Todos estos caminos tienen su punto de verdad; sin embargo, por sí mismos, adolecen de falta de «organicidad». La posición de Rousselot tiene la ventaja –no explotada hasta ahora suficientemente, a nuestro modo de ver, y no ignoramos tampoco sus deficiencias– no sólo de tener un carácter «orgánico« (valor hasta cierto punto formal), sino también contener unas virtualidades que nos parecen hoy en día indispensables no sólo para la «teología del acto de fe» (clásicamente, parte de lo que llamamos teología fundamental), sino también para modelar una «forma teológica de pensar» propia de la teología fundamental: 1) se trata de un pensar que decidida y claramente tiene una *precedencia»:* los ojos *«de la fe»:* se trata de un pensar que conduce a la «producción» de aquellas figuras históricas del cristianismo vivido que contengan en sí mismas su propia credibilidad; 2) se trata de aquella forma de pensar que, en consecuencia, no tiene tanta necesidad de preservar cuanto de *«ofrecer comunicablemente»* su propia verdad; 3) se trata de un pensar que, aun cuando por múltiples razones explicables, no ha desarrollado sus implicaciones prácticas, las contiene dentro de sí.

SEGUNDA PARTE

«*Si quis dixerit, assensum fidei christianae non esse liberum sed argumentis humanae rationis necessario pro-duci... anathema sit*»[1]. Así como la fe, que es razona-ble, es al mismo tiempo sobrenatural, así también, siendo cierta, es sin embargo libre. Es obra del teó-logo mostrar cómo se concilian estos diferentes caracteres. Ahora bien, esta armonía puede conce-birse de dos maneras: o bien se consideran las *notas*, que parecen excluirse, como dadas aparte, como pro-venientes de principios diferentes, entre las cuales hay que operar una conciliación; o bien se muestra que tales notas, a primera vista incompatibles, en realidad se apelan la una a la otra, se engendran recí-procamente en este todo, complejo e indisoluble, que es el acto de fe. En el artículo precedente, ante un acto que es a la vez razonable y sobrenatural, hemos mostrado cómo su *razonabilidad* puede derivarse de su *sobrenaturalidad.* Tenemos que emprender un trabajo parecido para la *certeza* y la *libertad.*

Es muy fácil captar la antinomia aparente entre estos dos caracteres. O se ve con certeza que Dios ha hablado –se dice–, o no se ve con certeza. En el primer caso, ¿cómo puede ser libre el asentimiento? En el segundo, ¿cómo puede ser legítimamente cierto? La simplicidad de este dilema no puede hacernos desconocer su fuerza.

Las explicaciones más corrientes pueden reducirse a dos esquemas, que presentan el común carácter de separar, apartar, la una de la otra, a las dos *notas* –libertad y certeza– que parecen destruirse, para dar a una de las dos la prioridad temporal y real. Unos dicen: *«Creed ciegamente primero, y después veréis».* Los otros dicen: *«Ved primero con claridad, y después creeréis».* Los primeros comprometen la legítima certeza; los segundos, la libertad.

El primer grupo es el de los voluntaristas. Podemos adquirir una idea de lo que entienden por creencia, empleando los términos de un autor contemporáneo –que arranco expresamente de su contexto[2]– cuando dice que la creencia consiste en «captar *primero,* y porque se quiere, lo que *luego* será una convicción conforme a la verdad; ... en otros términos, para tener fe, se procede como si no se tuviera la fe». Ya sea que se invite directamente a la razón débil y soberbia a someterse a la doctrina que se dice revelada, ya sea que, cambiando de terreno por un movimiento del todo natural y casi imperceptible, se comprometa uno a plegar la máquina mediante una acción virtuosa, a persuadir a los sentidos y a la imaginación por las costumbres del ornato católico, por los ritos, por los gestos, en uno y otro caso se quiere ganar el «corazón» antes que la inteligencia[3]. Este voluntarismo unilateral obedece únicamente a la exhortación: Quered y veréis. Practicad y creeréis. «Tomad agua bendita y atontaos». Claramente se ve, en este sistema, cómo la fe es voluntaria. Pero la libertad sólo parece salvada con daño evidente de la inteligencia. ¿Se puede decir que el asentimiento, así obtenido, es todavía «conforme a la razón»?, ¿se puede decir que no es esta «adhesión ciega» aquella que rechaza el Concilio Vaticano?

La mayor parte de los teólogos se pronuncian en favor del orden inverso. No subordinan la percepción de la credibilidad al amor o a la voluntad, sino que distinguen un doble movimiento. El primero, sean las que sean sus modalidades contingentes, es esencialmente intelectual. Desemboca en el conocimiento de lo que hemos de creer, el conocimiento del hecho de la Revelación, del origen divino de la Iglesia Católica. Hace concluir: «Esto es creíble». Un segundo movimiento, voluntario, hace decir: «Yo creo». Es claro que, en este segundo

69

esquema, el acto de fe es razonable. Yo no veo, por mi parte, cómo se salvaguarda en él la necesaria libertad. No veo que tal creencia sea voluntaria, para emplear los términos de Sto. Tomás, «no sólo en cuanto a la ejecución del acto, sino también en cuanto a la determinación de su obje-to»[4]. Para que los teólogos que se representan las cosas así puedan suscribir la condenación de Pico de la Mirandola por parte de Inocen-cio VIII es preciso que interpreten, con sutileza, los términos de la proposición proscrita: «*Non est in potestate libera hominis credere articulum fidei esse verum, quando placet, et credere eum esse falsum, quando sibi placet*»[5].

Las dos explicaciones opuestas padecen pues de un vicio común, que les impide salvaguardar, realmente a la vez, las dos propiedades que debe reunir el acto de fe, la libertad y la certeza. Por una y otra parte se hace pasar como la primera aquella de las dos notas a la cual, parece, se le da más valor. Pero por una y otra parte parece que se ahoga en la nota primera y preferida a la segunda, a la cual la Iglesia no le concede un valor menor[6].

Y sin embargo tanto una como otra nota pare-cen requerir, para ser, el honor de la prioridad. ¿Cómo será cierto el acto de fe, si en él el amor no es dirigido por la visión razonable? ¿Cómo será libre, si en él las puertas no están abiertas a la luz por el amor? Brevemente, para que el acto de fe

70

responda a las condiciones puestas por la Iglesia, es preciso, parece, que las dos proposiciones siguientes sean verdaderas al mismo tiempo:

Porque el hombre quiere, ve la verdad.
Porque el hombre ve la verdad, quiere.

Si se toma aparte una de estas proposiciones, se escapa o bien a las exigencias del dogma, o bien a las de la experiencia, o bien a las dos a la vez. Por el contrario, tendríamos una teoría del acto de fe, tanto dogmática como psicológicamente satisfactoria, si se llegara a hacer ver que son simultáneamente verdaderas.

* * *

El que piensa que, en el acto de fe, hay causalidad y prioridad recíprocas entre la luz y la libertad, no tendrá tanta dificultad en mostrar que esto es posible, como en explicar de qué modo, en este caso, el acto es razonable. II

En efecto, en la vida humana no faltan circunstancias en las que la voluntad libre, por la misma elección que hace de un camino a seguir, o, más generalmente, de un bien, da nacimiento o paso a una luz nueva que modifica, por decirlo así, el color de los objetos y que por ello hace aparecer como razonable, no precisamente la decisión tomada, pues ya no hay decisión *tomada*, sino la decisión que *se toma*. Es la historia de nuestros actos libres:

el «juicio práctico» y la «elección voluntaria» –distintos para la razón que reflexiona pero fundidos en un mismo instante luminoso de la duración real– se causan recíprocamente: cada uno de ellos suscita al otro como condición de su realización.

Algo parecido puede ocurrir con los juicios especulativos. No se trata, sin duda, de que un simple «mandato de la voluntad» pueda, en virtud de no sé qué poder despótico y arbitrario, hacer ver –o creer– blanco en este momento y negro al minuto siguiente. La voluntad no actúa así, extrínsecamente, sobre la inteligencia. Sin embargo el corazón, o el apetito sensible, puede seducir, puede fascinar a la razón. La realidad de esta influencia en materia especulativa –aunque parece difícil de admitir en el caso de una repentina decisión del querer– es innegable por lo menos cuando se trata de una inclinación enraizada en el sujeto. Un amor, una pasión, un apetito puede teñir de su propio color tan a fondo todo el mundo de los objetos que influencie poderosamente, incluso que transforme los juicios sobre «las cosas en sí». Un hombre apasionado ve las cosas con ojos nuevos, ve en ellas como un nuevo «objeto formal». No es necesario aportar ejemplos de un fenómeno tan banal. Se comprende fácilmente también que el hábito afectivo en cuestión –y consecuentemente la *visión de amor* que define–, por más ineluctable y tiránico que la costumbre lo haya podido convertir, ha podido ser, en su origen, libremente aceptado. Si

72

un amor más intenso ha podido conquistar al alma en un tiempo más corto, se puede concebir, al límite, una emoción tan fuerte y que entraña un consentimiento tan radical, que baste para transformar, en un instante único, junto con la manera de vivir, la manera de ver. En el caso de un hábito enraizado por un acto de una intensidad excepcional, la prioridad sería perfectamente recíproca: la visión de amor esclarece a la elección libre y la elección libre abre paso a la visión de amor. En este surgimiento espontáneo de una evidencia plenamente querida, la certeza entera se uniría a la completa libertad.

Intentemos observarlo bien: en el fenómeno en cuestión uno no se ha propuesto expresamente teñir la inteligencia. No es el conocimiento nuevo como tal, sino el amor o la vida que necesariamente le implica, lo que ha elegido libremente la voluntad. La indivisible unidad del acto no perturba en manera alguna, sino que conserva distintas, las «razones formales» del conocer y del querer. Lo que se elige directamente es el bien, el fin, la manera de vivir y solamente a través de ella la manera de ver[7].

Aplicando estas consideraciones al amor del Bien divino, del Fin divino, no habrá dificultad en trazar un esquema del acto de fe en el que las dos propiedades de libertad y de certeza, lejos de estorbarse, se sostendrán por el contrario penetrándose, si se me permite hablar así, por una especie de cir-

73

cumincesión. Hay causalidad recíproca entre el homenaje que se ha elegido rendir a Dios *(oboeditio fidei, pius affectus credendi)* y la percepción de la verdad sobrenatural. Al mismo tiempo, el amor[8] suscita la facultad de conocer[9] y el conocimiento legitima al amor. Sin que haya precedido un «juicio de credibilidad», el alma instantáneamente creyente puede exclamar: ¡Señor mío y Dios mío! Elección libre y conocimiento cierto se unen en este instante luminoso, pero no se confunden. Pues la elección apunta al bien divino, a la visión y vida nuevas que uno ha escogido y no directamente al conocimiento como tal. Y la inteligencia, a pesar de la ardiente atmósfera de amor que tal vez la envuelve, puede percibir con plena seguridad el carácter soberanamente razonable y legítimo del camino que toma. Este último punto es preciso explicarlo.

* * *

No es demasiado difícil, incluso es usual en la «Escuela», establecer relaciones de prioridad recíproca entre el homenaje voluntario rendido a Dios en la fe y lo que se llama el «juicio práctico» (sobre el acto a hacer). Pero nos proponemos otra cosa; pretendemos concentrar, en un único acto, lo equivalente a los juicios incluso «especulativos» de «credibilidad» (juicios que ordinariamente se representan como *precediendo* al acto de fe, sin lograr conciliar ni bien ni mal esta certeza

74

previa con la completa libertad de este acto). Integramos en el mismo acto de fe esta interpretación de un «signo», de un «indicio» tomado del mundo visible –que hemos intentado describir en el artículo precedente– y que legitima el acto de fe a los ojos de la razón al establecer una conexión necesaria entre la verdad natural y la verdad sobrenatural[10]. Hemos aportado el ejemplo del amor sensible o voluntario que, tiñendo a los objetos de un color nuevo, dicta al hombre juicios incluso especulativos, para mostrar cómo el acto libre de fe puede englobar esta certeza que depende del amor y que conduce al ser.

Pero aquí surge una grave dificultad. «Estoy de acuerdo –se nos puede decir– en que la influencia del apetito en materia especulativa es posible; incluso constato que es excesiva; lo deploro pues rechazo que sea legítima. Aquí sólo la razón pura y desinteresada –tanto por parte de la naturaleza como por parte de Dios– es el único instrumento conveniente, el único juez competente. La voluntad puede aplicarla al ejercicio; toda otra influencia voluntaria no hará más que echarlo todo a perder. El sentido común dirá siempre, a despecho de cualquier pragmatismo, que ni los decretos del querer ni los deseos del corazón definen la verdad. Todo juicio mandado *de vero* por un apetito en cuanto a su especificación es un juicio arbitrario; en él el hombre, en el fondo, no tiene otro motivo que su arbitrariedad.

Con esta prioridad del amor libre por encima del conocimiento, de hecho se vuelve a caer en el *golpe de estado* voluntario[11] o en el salto en la noche o en la seducción vulgar de la razón por parte del corazón. Si esta explicación tiene algo nuevo, consiste en que se exige que la razón quede de tal forma seducida que no pueda ni siquiera darse cuenta de ello».

Expulsión de toda influencia sentimental, comprensión de los apetitos, pura sumisión a los objetos, ¿no es ésta la regla ideal y moralmente obligatoria en materia de verdad especulativa? Este método, que es el del buen sentido, puede oscurecer los ojos del espíritu de tal manera que, presintiendo vagamente que una gran verdad se oculta en el «pragmatismo», no haya sabido aún extraerla. Tal verdad brilla con una claridad nueva cuando, habiendo perseguido hasta el final la aplicación del principio pragmatista (que todo conocimiento expresa un apetito), se ha reconocido, en la misma inteligencia, la expresión de una apetición natural de la Verdad suprema y subsistente. No sólo todo *hábito afectivo* define una *visión de amor,* sino incluso toda visión es visión de amor y es definida, en el ser potencial, por un *habitus* apetitivo, consciente o inconsciente. La razón fascinada, por decirlo así, cautivada, seducida por el Dios que la ha hecho capaz de él no es otra cosa que un puro amor del Ser[12]. Cuando se ha visto esto, se comprende mejor este respeto infinito de la luz intelectual, tan notorio p. e. en S. Agustín; se teme, al pretender ayudar a la razón mediante inclinaciones voluntarias, sobreañadir «unciones groseras» a esta pura delectación del ser que, en la evidencia intelectual, manifiesta la verdad. Dios ha hecho el espíritu naturalmente *simpático al ser como tal;* no se tiene derecho a modificar esta mixtura divina, combinando en ella simpatías personales para seres particulares. Así, cualquier sustitución de la visión natural por una visión nueva, toda influencia de una inclinación voluntaria sobre el juicio especulativo serán, parece, no un afinamiento sino una perversión, una corrupción de la inteligencia, una falta de respeto a Dios y a la imagen de Dios. Una vez más: si se trata de un juicio absoluto, la libertad y la legitimidad parecen incompatibles siempre; y si el asentimiento de la fe debe reunir estos dos caracteres, es preciso por lo menos decelar una propiedad absolutamente singular y original que le distinga de todos los otros juicios definidos o mandados por el apetito.

Para determinar esta nota tan especial, consideremos la raíz común de la ilegitimidad de estas otras adhesiones. Consiste en esto: la inteligencia toma como regla y medida de su asentimiento no la verdad primera –única norma legítima de un juicio absoluto– sino un fin inferior, particular, determinado[13]. La verdad primera debe ser la única norma de los juicios absolutos, porque en ellos el hombre no actúa en cuanto es tal individuo corporal, sujeto, entre sus semejantes, a tal o cual limitación, sino en cuanto es simplemente hombre, participando de la naturaleza intelectual, imagen de Dios, espíritu. Como tal, es únicamente por Dios por el que debe medirse, pues, siguiendo la doctrina de S. Agustín, «sólo la Verdad primera es superior al espíritu». Resulta, pues, lo mismo someterse y ordenarse a algún fin en cuanto a la inteligencia especulativa (en la medida en la que es razonable) y ordenarse totalmente, simplemente, es decir como a su último fin, lo cual es debido, incomunicablemente, a Dios. El desorden supremo consiste en ordenarse a la creatura en tanto que uno es espíritu y en que la pasión haga decir: «Ya no hay ni bien ni mal, ni verdadero ni falso, no hay más que yo».

Pero, así como un fin práctico mide legítimamente la verdad de la razón práctica, de la misma manera mediría legítimamente la verdad de la razón especulativa, si este fin fuera el Fin último del hombre. En efecto, siendo por definición el Fin último aquel al cual nada escapa, si el ser amado fuera realmente y verdaderamente el Bien total del amante, mediría también la rectitud de la misma razón, el bien del espíritu en cuanto espíritu; la verdad del juicio absoluto le sería esencialmente relativa. Por lo demás, se ve inmediatamente que tal Fin no puede ser más que la Verdad suprema y subsistente, sólo Dios, al que todo hombre está enteramente ordenado, no sólo en cuanto es tal individuo determinado sino incluso en cuanto posee la naturaleza intelectual. Así toda la rectitud de nuestra inteligencia, cuando conoce con certeza, procede del hecho de que Dios le ha inspirado una inclinación natural hacia la Verdad primera, o dicho de otra manera, hacia Él mismo en cuanto que es el Fin de los espíritus[14]; en virtud de esta inclinación, la intelección nos es natural y, cuando nos aparece la verdad, experimentamos placer. Pues, la condición primera y esencial de la legitimidad de toda inclinación, que el hombre aceptaría a fin de juzgar absolutamente conforme a ella, es que le inclina no hacía un fin inferior o particular sino hacia el Fin último de la naturaleza intelectual.

Aquí se puede ver de qué modo la concepción de la inteligencia como inclinación connatural y simpatía, como puro amor de Dios y del ser –que, por una parte, hace más inflexibles las exigencias del intelectualismo riguroso– abre la vía, por otra parte, a una teoría natural y coherente de la certeza libre y legítima, incluso en materia de juicio especulativo absoluto. Si la inteligencia es una inclinación, toda inclinación voluntaria que la *restrinja* y la constituya como medida por un ser particular será perversión, corrupción de la naturaleza. Pero también se puede concebir una inclinación que la profundice, que la *dilate,* que la haga capaz de penetrar mejor su objeto, el ser derivado y secundario, que la haga más profundamente captada por la Verdad subsistente, su objeto primero y su ideal. Esta transformación de amor será idénticamente un acrecentamiento de inteligencia, y la visión de amor a que dará lugar será conocimiento más perfecto, en la línea misma de la intelectualidad.

El hecho de que toda inclinación, según la cual juzgamos absolutamente, deba ser inclinación hacia el Fin último es una condición necesaria de la legitimidad del asentimiento, pero no es en manera alguna una condición suficiente o, por lo menos, sólo se puede afirmar precisando qué se entiende por ello. Es claro, en efecto, que no se puede juzgar absolutamente siguiendo toda inclinación consecuente a una idea cualquiera que se haya formado de Dios: permitir regular a la razón especulativa conforme a cualquier inclinación, a cualquier emoción de esta especie, sería abrir la puerta a todos los fanatismos. El error en este género no está sólo en el hecho del judío o del herético; ha habido santos inducidos al error por una inclinación devota. En este caso, es una inclinación hacia Dios *concebido,* hacia Dios *representado* (y por tanto, hacia un objeto de alguna manera particularizado) la que regula el juicio de la inteligencia. A estas tendencias afectivas sobreañadidas el hombre no puede confiarse de entrada como se fía de su razón, inclinada naturalmente por Dios hacia Dios mismo. Para que haya derecho a fiarse absolutamente, tanto o más que a su inteligencia, para que uno pueda revestirse de este amor voluntario como de una nueva naturaleza, y hacer conforme a él un juicio absoluto, es preciso que sepa con certeza que este amor nuevo no es menos de Dios que su misma razón, es preciso que Dios atestigüe en favor de esta nueva manera de vivir tan fuertemente como atestigua en favor de la naturaleza que nos ha dado. Esto es lo que puede manifestar la percepción de un indicio, el cual, desvelando en un punto la vinculación íntima entre el mundo natural y el mundo sobrenatural o, por decirlo mejor, la interioridad de éste respecto del otro, haga ver que, si la fe no es verdadera, la razón es engañosa y la realidad inconsistente. Una vez que la religión ha sido constatada así, como divina, la evidencia racional misma ya no tiene más derecho a dirigir nuestros juicios absolutos que la voluntad de ser religioso. Esta, condicionando a aquélla, ofrece incluso a nuestros asentimientos su regla más legítima.

En el acto de fe, así como el amor es necesario al conocimiento, así también el conocimiento es necesario al amor. El amor, el homenaje libre al Bien supremo, da nuevos ojos. El ser, más visible, fascina al vidente. El acto es razonable puesto que el indicio percibido aporta a la verdad nueva el testimonio del orden natural. El acto es libre, puesto que el hombre puede rechazar, si quiere, el amor del Bien sobrenatural. O, para presentar lo mismo en otros términos, la reflexión distingue en el acto dos series causales que coexisten sin estorbarse y sin entrecruzarse. Por un lado, el hombre quiere un bien, se ordena hacia él y se reviste así de una nueva naturaleza (que le hace ver). Es el orden de la voluntad. Por otro lado, el espíritu ve un hecho, lo interpreta como indicio y concluye una verdad (que le hace vivir). Es el orden de la inteligencia. Pero no hay aquí dos procesos realmente separables: la unidad viviente de un mismo acto lo integra todo.

* * *

Para aclarar más el papel del indicio exterior o signo (consagrado por el Concilio Vaticano), así como la identidad del *hábito afectivo* y de la *ciencia perceptiva* recordamos al lector estos textos de Sto. Tomás en los que, para explicar el asentimiento de fe divina, remite a ciertos conocimientos de un tipo especial, procurado por el hábito de las virtudes. Así como el hábito de una virtud, dice, hace conocer lo que conviene a dicha virtud, así el hábito de la fe hace conocer que es preciso creer[15].

Sto. Tomás pues sabe de ciertos conocimientos a los que llama *per modum naturae* y que podemos llamar brevemente *simpáticos.* Es fácil comprender el juego de estos conocimientos y cómo se distinguen de los que se producen por conceptos y por discurso. Podemos conocer la castidad (y juzgar, en un caso dado, lo que es perjudicial o favorable) de dos maneras: o bien hemos seguido un curso de moral y adquirido ideas generales y principios (en los cuales intentaremos subsumir el caso en cuestión); o bien somos castos y sentimos atractivos o repugnancias, simpatías o aversiones (que hacen juzgar, por una rápida inferencia o como «instintivamente», si un objeto dado favorece o amenaza la virtud)[16]. La experiencia de todos los días ofrece múltiples ejemplos de estos conocimientos, tanto si se trata de hábitos virtuosos como si se trata de otras costumbres. Cuando me preguntan sobre la ortografía de una palabra, escribo en un papel o pinto en mi espíritu las dos grafías propuestas y por la *calidad* de la *impresión* producida en mi «memoria» o por mi «hábito» de ortografía, juzgo si la palabra está bien o mal escrita[17].

En casos como éste se da una rápida comparación entre la ciencia perceptiva (*habitus, éxis,* memoria) y un objeto percibido, y juzgamos conforme a una reacción de orden afectivo, juzgamos de la «verdad» del objeto conforme a su conveniencia o disconveniencia constatada con la facultad o el hábito que hemos sentido se ponía en juego.

¿Es exactamente así como tenemos que representarnos este conocimiento simpático que, según

Sto. Tomás, está a la base de los juicios de fe? Si es así, el acto de fe comprendería necesariamente no sólo una experiencia, sino también una representación (tan rápida y simple —es verdad— como se quiera, pero a fin de cuentas una representación) del «hecho interior» *tamquam obiecti cogniti*. Nos sentiríamos vibrar de tal manera ante el acercamiento y ante la aplicación del «hecho exterior», es decir, *nos sentiríamos tan bien pensando en el cristianismo,* gustaríamos tan sensiblemente los atractivos armoniosos que el cristiano desvela en el corazón, que concluiríamos que están hechos el uno para el otro. Sobre lo cual hay que notar dos cosas: en primer lugar que —sea lo que sea de las apariencias— abordaríamos en este caso el cristianismo por la vía de su verdad *pensada* (inferida de una comparación); y en segundo lugar que el papel de los signos exteriores (y particularmente de los milagros, expresamente mencionados por el Concilio Vaticano), aunque no fuera siempre y absolutamente superfluo, quedaría por lo menos reducido a un mínimo muy modesto.

Pero una reflexión más atenta hace ver que no es una comparación, consecuente a una impresión, en lo que consiste lo esencial del conocimiento simpático. El verdadero conocimiento simpático es inmanente a la misma tendencia que lleva al alma hacia el objeto o la retira de él, al movimiento del deseo o aversión. Al separar tal conocimiento del sentimiento de complacencia o de horror que el objeto (para seguir con nuestro ejemplo) despierta en el hombre casto, nos equivocamos; tomamos uno de sus efectos por él. Tal cual, indistinto del amor o del odio, y antes de la meditación, de la reflexión rápida o del ligero discurso que enseguida suponemos, se expresa naturalmente en términos de apetito: ¡Lo quiero! ¡No lo quiero! ¡Es atractivo! ¡Es intolerable!, etc.[18]. ¿Podemos representarnos el acto de fe como fundado sobre *este* conocimiento simpático?

Sin duda, a condición de que por una parte tengamos la concepción de la inteligencia como inclinación hacia la Verdad subsistente y a condición por otra parte de que comprendamos que lo visto simpáticamente, en la fe, no es, *per se loquendo,* la determinación de los diferentes dogmas[19], sino su común propiedad de ser dignos de ser creídos: *ea quae sunt fidei esse credenda.*

Estar de acuerdo en que la inteligencia es la expresión de una apetición es estar de acuerdo en que la presencia de un momento de simpatía en el conocimiento intelectual no debe restringirse a ciertos casos particulares de intelección, sino que es la consecuencia necesaria de una ley general de la inteligencia[20]. Es estar de acuerdo en que la razón de *ser,* reacción propia de nuestra inteligencia, es conocida *per modum naturae.* Parece imponerse sin duda a la inteligencia, y su percepción no despierta en nosotros resonancias afectivas: pero la inconsciencia de la simpatía no impide su realidad. La afirmación del ser, que parece tal vez impuesta desde fuera, por los objetos, es en realidad la expresión de nuestro más intenso deseo, la expresión del atractivo irresistible por el cual Dios crea y conserva el alma inteligente atrayéndola y ordenándola a sí. El momento simpatía está en este caso inmerso en el inconsciente y por ello la afirmación del ser parece, a la conciencia superficial, producirse simplemente *per modum rationis*[21].

El deseo intelectual de Dios, sanado y transformado, es igualmente idéntico a la afirmación del ser en el conocimiento de fe. Pero, puesto que este nuevo atractivo es libremente aceptado, como no es irresistible, el carácter del conocimiento simpático es mucho más visible en el conocimiento de fe que en la afirmación natural. Desde este punto de vista hay entre estas dos afirmaciones la misma diferencia que hay, en historia natural, entre un órgano que funciona en el interior del cuerpo y un órgano que aparece en el exterior. Cristo sólo es conocido por la fe como maestro al que hay que escuchar, como mediador al que hay que adherirse, como camino que hay que seguir, si, al mismo tiempo, la voluntad libre, al aceptar, como dice Sto. Tomás, «cierto apetito del Bien sobrenatural», se somete a este maestro, se vuelve hacia este mediador y escoge este camino. Unicamente esta disposición voluntaria suscita y mantiene la noción sintética del mundo sobrenatural que permitirá interpretar el indicio[22]. Si la reflexión quiere más tarde traducir en términos de concepto lo que entonces es percibido, sólo podrá hacerlo diciendo: *esse audiendum, esse credendum.* Pero precisamente esto: que sea preciso escuchar, que sea preciso creer, se *ve* [23] cuando se hace el acto de fe y así se verifica a la letra en el creyente la palabra evangélica: *ved cómo escuchar, Blépete pos akoúete*[24].

* * *

Si la explicación propuesta tiene algún mérito, éste consiste en dar al amor, en el acto de fe, un papel esencial pero sin detrimento alguno de la intelectualidad más rigurosa. El sentimiento no es para nosotros seductor de la inteligencia, la libertad es generadora de la evidencia. Es la inteligencia, corrompida por el pecado, la que es liberada por el amor sobrenatural; la gracia le da su propia perfección que consiste en ver (*videre esse credendum*). Si es importante salvaguardar la libertad perfecta de la creencia, sería peligroso insistir exclusivamente en el aspecto voluntario del acto; es preciso subrayar fuertemente su carácter racional y la objetividad de las razones para creer, frente a los errores anti-intelectualistas[25] que la autoridad suprema ha condenado tan gravemente.

Se comprende la diferencia esencial que hay entre nuestra explicación de la influencia volunta-

87

ria y la teoría del «golpe de estado». Los partidarios del «golpe de estado» están obligados a decir: «Ninguna verdad vista mueve a la inteligencia»; para nosotros, por el contrario, el amor da ojos, el hecho de amar hace ver, crea para el sujeto amante una nueva forma de evidencia. Pero no convendría creer que esta evidencia, en el caso de los motivos de credibilidad, sea, como visión de amor, tan absolutamente personal que fuera desde todos los puntos de vista incomunicable.

No cabe duda de que a veces es así; es el caso, quizá, de las excelentes razones de los hombres interiores y de los santos[26]; es con frecuencia también el caso de las razones de los sencillos, si las reflexiones que hemos hecho en torno a ellos en el artículo precedente pueden ser aceptadas. La gracia, entonces, ilumina para el sujeto hechos que, en su original complejidad, son conocidos sólo por él y el conocimiento así suscitado no es menos incomunicable que, en el orden natural, las percepciones más personales del «sentido ilativo». Es en la *materia* misma del conocimiento donde está la raíz de su incomunicabilidad. Pero si el Espíritu de Dios despierta en el secreto de los corazones tales evidencias, perceptibles solamente «al espíritu del hombre que hay en el hombre», no pierde por ello el poder de iluminar también hechos visibles a todos: como la vida de Jesucristo, la historia de Israel, la de la Iglesia. Si pasea «su antorcha por los rincones secretos de

Jerusalén» también puede hacer brillar los rayos de su sol sobre «la ciudad establecida en lo alto de la montaña». Los motivos de creer, sacados así de los hechos patentes, pueden ser puestos en forma de discurso y de razonamiento y constituyen el objeto de la ciencia apologética. Este hecho llama a dos observaciones.

La primera. La fe de los que saben estos motivos no es necesariamente más firme que la de los otros. Debemos decir incluso que la gracia convierte a la fe del carbonero en una fe tan *razonable* –en el sentido principal y verdadero de la palabra– como la fe del historiador o del doctor[27]. Sin embargo, la posesión de razones de creer expresables, desarrollables y comunicables es –sobre todo por su valor social y catequético– infinitamente apreciada por la Iglesia. Extendidas por la palabra y por el libro, las pruebas de la religión cooperan por doquier a la gracia y solicitan a las almas de buena voluntad con una irradiación superior a la que puede tener la acción individual de un alma piadosa. Sería injuriar al Espíritu Santo y a la tradición despreciar esta exposición de las razones de creer. ¡Curioso catolicismo, en verdad, aquel que desdeña no sólo a Apolo, sino también a Pablo que parten igualmente de las Escrituras![28].

Sin embargo –y ésta es nuestra segunda observación– del hecho de que las pruebas históricas y exteriores de la religión puedan ser expresadas por el lenguaje, reducidas a un conjunto lógicamente coherente y, bajo esta forma, propuestas a todos, no tenemos el derecho de concluir que un hombre pueda, sin la iluminación de la gracia, darles un asentimiento verdaderamente cierto. Tanto si las pruebas de la religión son individuales como comunicables, se requieren necesariamente dos condiciones para su percepción: la presentación del objeto y la posesión de una facultad espiritual que lo pueda captar[29]. En uno y otro caso, el primer elemento no sirve de nada sin el segundo. Si el segundo elemento, en el caso de las pruebas de fe, es necesariamente una luz sobrenatural, no hay contradicción alguna en decir a la vez que estas pruebas tienen un valor objetivo plenamente satisfactorio y que sin embargo se precisa la gracia para percibirlas, para afirmarlas. Es exacto decir que «exigen el asentimiento de todo hombre razonable» pero porque también es exacto añadir que no podemos hacer sobre Cristo, la Iglesia y las Escrituras un juicio verdaderamente razonable si no es con la ayuda de la gracia de Dios. Esto, parece, es la verdadera concepción de la apologética tradicional: desarrolla las razones exteriores e históricas y las juzga, *como razones,* perfectamente suficientes y buenas; pero no piensa que actúen *ex opere operato;* está igualmente convencida tanto de su absoluta *legitimidad* como de su cierta *ineficacia,* si Dios no abre los ojos del alma[30]. Requiere del oyente no la reflexión sobre el hecho interior sino el mismo «hecho interior», es decir esta buena disposición voluntaria que permite comprender el «hecho exterior».

* * *

Ya lo hemos comprendido: pensemos no sólo que, en la fe sobrenatural, la voluntad de creer es necesaria para la creencia, sino además que la simpatización de la inteligencia con el mundo sobrenatural por la gracia[31] es indispensable para que el acto de creer sea legítimamente cierto: en otros términos, parece que es preciso renunciar al concepto de «fe científica» o de «fe natural» de los teólogos modernos.

Esto mismo parece ya brotar de la enseñanza positiva de la Iglesia por lo que toca a la libertad de la fe. Si mi creencia en la verdad católica es verdaderamente libre en cuanto a su especificación, ¿cómo será compatible con una fe científica cierta, puramente natural, que no dependiera en manera alguna de la voluntad? Resta pues sólo la hipótesis de una fe natural que fuera a la vez cierta y libre. Pero el exceso afectivo, la *cuota de amor,* condición indispensable de la libertad, hace ilegítimo, en este caso, un juicio especulativo absoluto. Pues la cuota de amor impide que se actúe por la fuerza de este *puro amor del Ser* que es el único que tiene derecho de hacernos poner tales juicios. La acción moral libre –se dirá– afina la inteligencia. Sí, pero su valor moral está en todo momento medido por la luz de la razón natural que uno tiene y su afinamiento no hace que pueda uno lanzarse libremente a la adhesión total reclamada por el cristianismo, es decir por una doctrina que pretende juzgar, desde un plano superior, el principio mismo de la moralidad.

Es pues necesario recurrir a un hábito afectivo infuso que —simpatizándonos con el ser sobrenatural— al mismo tiempo que nos establece en el amor libre de un bien deseable, suscita en nosotros una nueva facultad de ver. ¿Es necesario, por lo demás, para probar que esta simpatización sobrenatural es requerida, tomar este circuito que pasa por una nota especial del acto de fe, su libertad? Es la ley general de todo conocimiento: se precisa una comunidad de naturaleza entre el sujeto y el objeto. Se dice, en términos escolásticos, que el «objeto formal» de una facultad define a esta facultad y no puede ser captado por ninguna otra; en palabras más modernas esto significa que toda ciencia percibida requiere una ciencia perceptiva correspondiente, o que el sujeto debe apercibirse *como tal* de alguna manera, para formarse la idea del objeto *como tal*, o que, bajo todo conocimiento del objeto por representación se esconde o se muestra un conocimiento del objeto por atracción, por simpatía, por sentimiento de una cualidad. La aplicación de este principio a la materia presente puede tomar la forma de este silogismo: El hombre puede ver las cosas, bajo la razón formal del ser sobrenatural[32], sólo por una facultad sobrenatural. Pues bien, no podemos adherirnos a los objetos de la revelación con fe cierta si no los conocemos bajo la razón formal del ser sobrenatural. Por tanto, se requiere una facultad sobrenatural para adherirse a los objetos de la revelación con fe cierta. La mayor deriva inmediatamente del principio que hemos puesto. La menor se prueba así: la especificación del objeto formal de toda intelección encierra especialmente la expresión de la relación del ser al fin último (puesto que la inteligencia es precisamente apetito de la Verdad suprema, Fin último de los espíritus). Así pues, adherirse a los objetos de la revelación bajo la razón formal del ser natural es afirmar implícitamente que pertenecen al orden natural y por consiguiente no entenderlos; en términos más sencillos, afirmar las verdades de la fe sin haber sido tocados por la delectación celeste es tomar estas verdades en un sentido que no es aquel en el que Dios las dice[33].

Concluimos pues que así como para ver es preciso ojos, así como para percibir las cosas bajo la razón del *ser* se precisa esta simpatía natural con el *ser* total, que se llama inteligencia, así también para creer es preciso tener con el objeto de la creencia esta simpatía espiritual que se llama gracia sobrenatural de fe.

* * *

Que nos sea permitido ahora, después de tantas discusiones abstractas, concentrar por un instante la atención en las historias y palabras del evangelio. No cabe duda de que la teología especulativa no es la teología bíblica y no se puede pretender dar en algunos párrafos una idea completa de la concepción de la fe según los sinópticos y según S. Juan. Es justo, sin embargo, que el lector sea invitado a reavivar la impresión de conjunto que el estudio de los evangelios le ha dejado sobre esta materia, y a juzgar por sí mismo cuál de las doctrinas enunciadas le parece presentar la interpretación más exacta de estos hechos normativos. Por eso un breve recuerdo de algunas palabras y de algunos hechos conocidos de todos no estará aquí fuera de lugar.

¿Es exagerado afirmar que no se encuentra huella alguna, en los evangelistas, de una percepción de la verdad o de la credibilidad que tuviera lugar por las solas fuerzas de la naturaleza y que un acto libre deba luego transformar en adhesión sobrenatural? No sólo la teoría de la fe que se delata claramente en el cuarto evangelio, sino el conjunto de indicios concordantes que pueden desvelarse en los sinópticos parece poder resumirse en estas tres ideas: la conversación terrestre de Jesucristo es la revelación de Dios a los hombres; por los sentidos de la carne, buenos y malos pueden percibir igualmente las palabras y las obras de Cristo; pero la inteligencia de estas palabras y de estas obras, el conocimiento que atravesando la carne llega al espíritu, el descubrimiento del hijo de Dios en el hijo del hombre, no está al alcance de todos, es el patrimonio de los que tienen buena voluntad. Los que tienen buena voluntad son los que hacen la voluntad del Padre celestial, o bien —lo que es lo mismo— los que el Padre «atrae» para darles a su Hijo. La libertad es más acentuada por los sinópticos, y la gratuidad por S. Juan.

En el Evangelio, cuando no se cree, es que no se ve (que es preciso creer). Ante el hecho milagroso, se mencionan dos actitudes: o bien se cree, con fe útil, alabada por Jesús (así pues, fe sobrenatural), o bien uno permanece «sin comprender»: es decir, habiendo visto que se producía un fenómeno prodigioso, no se le interpreta como un indicio de la misión divina de Cristo. Después de la multiplicación de los panes y la marcha de Cristo sobre las aguas, «los discípulos se asombraban más y más pues *no habían comprendido* el hecho de los panes sino que su corazón estaba endurecido»[34]. Por eso se les dice: «¿No veis? ¿No comprendéis? Vuestro corazón está endurecido... ¿No comprendéis?»[35] La disposición que se les reprocha no es la de un hombre que comprende el milagro como indicio de una fuerza divina y que rechaza someter su voluntad, sino la de un hombre que, espectador de un hecho asombroso, no se remonta más alto y se queda con la constatación bruta. Le falta lo que en lenguaje técnico llamaríamos *percepción del indicio, síntesis y asentimiento*[36]: se le reprocha un defecto de inteligencia.

Pues *en el Evangelio, cuando no se ve, se es culpable de no ver.* No poder comprender el milagro es «dureza de corazón». «Incluso si un muerto resucitase, leemos en S. Lucas, no creerán». Y en S. Juan: «Habiendo hecho tantos milagros ante ellos, no creían en él»[37]. Este estado de visión material y de ceguera espiritual es atribuido tanto por Juan como por los sinópticos al endurecimiento predicho por Isaías, es decir, al defecto de gracia, como diríamos en lenguaje teológico. «He aquí por qué no podían creer: Isaías ha dicho: Cegó sus ojos y endureció su corazón, etcétera»[38]. «Yo os he hablado –leemos en el cuarto evangelio– y no creéis. Las obras que hago en nombre de mi Padre dan testimonio de mí, pero vosotros *no creéis porque no sois de mis ovejas*. Mis ovejas sí que oyen mi voz»[39]. Este último texto es, como sabemos, uno de aquellos sobre los que se apoyan los que hablan del «determinismo joánico»; sea cual sea la exageración de esta teoría, nadie puede negar, y un católico debe ser el primero en reconocer que hay, según S. Juan, una diferencia que podemos llamar *física* entre el hijo del diablo y los que han nacido de Dios: Es lo que llamamos filiación, adopción divina; una nueva naturaleza, la gracia santificante, que nos hace creer, es decir ver en el mundo visible signos del mundo sobrenatural.

En fin, *siguiendo el Evangelio un mínimo bastaría para hacernos ver* y –lo que es lo mismo– hacernos creer. Este es el fundamento escriturístico de lo que hemos dicho más arriba[40]: cuanto más vivo es en un alma el amor de Dios, tanto más le basta un ligero indicio para discernir la verdad. En S. Mateo, como en S. Juan, se censura a los que quieren milagros[41]. No es que los milagros no prueben la misión de Cristo, sino que si los hombres estuvieran mejor dispuestos, podrían reconocerle en los indicios más tenues y sutiles: como son «los signos de los tiempos»[42], o la doctrina misma que Jesús predica: cuando ésta no basta para persuadir es cuando remite a sus milagros[43]. Los puros no tienen más que actuar puramente para conocer que Cristo dice verdad[44].

La falta de los judíos parece pues consistir en esto: espectadores de la vida humana de Cristo, no han querido ver que era el Hijo de Dios; si Jesús no hubiera venido en la carne, si no hubieran tenido este maravilloso espectáculo, «no hubieran pecado»[45]. Por el contrario, los que son iluminados, los que creen, no se quedan en la visión carnal sino que reconocen al Hijo de Dios. Como dice S. Juan, contemplándole, contemplan a Aquel que le ha enviado; viéndole, ven al Padre[46]. ¿Por qué ven?, porque han recibido del cielo una inteligencia nueva: «les dio conocimiento». Sin esta facultad celeste creer, parece, es imposible. No podían creer dice lisa y llanamente el evangelista[47]. En este punto, S. Pablo le hará eco[48]. Pero no podemos ni rozar la teoría de la fe del gran apóstol. Cuántos testimonios nos aportaría desde el célebre pasaje sobre el «velo» que cubre el corazón de los judíos[49] hasta aquella palabra divinamente justa sobre los hombres que se pierden «por no haber acogido el amor de la verdad»[50].

* * *

La concepción de la fe puramente racional ha echado en nosotros unas raíces tan tenaces que, incluso en aquellos a los cuales tal vez la doctrina esbozada en estas páginas no les desagrade y que sentirían un alivio aligerando nuestra teología de una noción poco conforme a la razón y a la experiencia, se suscitan varias aprehensiones o dificultades. Acabemos pues previniendo algunas objeciones.

Espero que no se nos reproche haber dicho que la razón natural es inhábil para percibir con certeza las pruebas de la fe, haber dicho que la fe no tiene pruebas. Hemos insistido suficientemente sobre el papel de los indicios externos. Los signos no faltan a la Iglesia, no le faltan las pruebas, las tiene abundantes; todo en el mundo prueba a la Iglesia, son más bien las inteligencias las que faltan a las pruebas, y aquí podemos retomar una palabra que S. Agustín dijo sobre una página del evangelio: *Nihil igitur vacat, omnia innuunt, sed intellectorem requirunt*[51].

Tal vez sin embargo se nos diga, llevando las cosas al extremo por un loable empeño de claridad: supongamos que un profeta resucita a un muerto para probar que sus palabras están divinamente garantizadas; la inteligencia de los espectadores, ¿no estaría convencida de que están en presencia de un testimonio de Dios infalible?[52]. El ejemplo es claro, y muy propio para aclarar lo que nos separa de los teólogos que nos permitimos contradecir. No tenemos necesidad de recurrir, como muchos lo han hecho ingeniosamente[53], a las mil razones de dudar que la pereza y la ligereza humana podrían acumular en tal caso; es en el *carácter sobrenatural* de la verdad anunciada donde encontramos nuestro motivo para negar la posibilidad de un legítimo asentimiento. ¡Pero nada le falta al asentimiento, ni la inteligencia de los términos, ni la certeza de la conexión! Falta un sujeto apto para ver, una facultad capaz de operar la síntesis, y por ello falta todo. *La síntesis es irreductible a los elementos sintetizados.* ¿Qué camino tomará el espíritu perdido ante el prodigio que se supone? ¿Dudar sobre el hecho? ¿Preferir la experiencia ordinaria y somnífera que el fenómeno excepcional y estimulante? ¿Afirmar temerariamente una verdad tomada a contrapié? Lo ignoro pero no importa. Una vía le queda cerrada, la de la afirmación legítima.

Es preciso, en fin, observar que la necesidad de una ayuda especial y gratuita para la percepción en cuestión radica en el estado potencial del hombre en su camino de prueba, del hombre «peregrino». *Daemones credunt, et contremiscunt.* El conocimiento de un espíritu llegado al término y que tiene conciencia directa de su relación con el Fin último no debe ser concebido como «libre» a nuestra manera, sino como penetrado totalmente de afección. El ángel o el bienaventurado ve a Dios tanto como le ama[54]; el demonio cree[55] en tanto que, tendiendo a Dios con toda su naturaleza, siente que toda su persona es rechazada. El sobrenatural le penetra; pero lo siente —como se ha dicho— *en vano*. Así es como esta cuestión de la «fe de los demonios», que puede parecer tan arcaica y extravagante, sirve también para hacer resaltar la diferencia entre dos concepciones del conocimiento que necesariamente chocan a lo largo de todo el tratado de fe. Para unos la inteligencia se adorna con *dobles* inteligibles de las cosas, y estas representaciones no son modificadas *intrínsecamente* por el total dinamismo del sujeto; para los otros lo que hay de más cognoscente en el conocimiento depende esencialmente de la relación del sujeto respecto de su fin último.

NOTAS

1 Concilio Vaticano, canon 5, *De Fide* (D. 1814).

2 Tomo estas *palabras,* que sirven para caracterizar la explicación que llamamos voluntarista, del estudio de J. Martin sobre Clemente de Alejandría *L'Apologétique tradi-tionnelle* (t. 1, p. 69). Citaremos más adelante otras expresiones, particularmente felices y justas, del mismo autor, que invitan a no tomar con rigor escolástico las fórmulas transcritas arriba, y que, por otra parte, no se presentan, en su texto, con esta brutal desnudez. (Soy yo quien ha subrayado las palabras *primero* y *luego*). J. Martin, en estos tres volúmenes, ha puesto de relieve de manera excelente la necesidad de una buena disposición voluntaria para ver las pruebas de fe; no veo que hable en ninguna parte de una prioridad recíproca entre la luz y la buena voluntad, pero la afirmación de esa reciprocidad me parece ser un complemento del todo natural a su doctrina.

3 Es prácticamente la misma cosa decir: «Comenzad por creer y vendrá la luz» que decir: «Haced como si tuvieseis fe y acabaréis por creer». Si hay alguna diferencia, consiste en

que en el primer caso se pretende violentar directamente la inteligencia; y en el segundo caso, se la quiere seducir y sobornar, se persuade al *autómata,* la máquina, y se espera que la razón seguirá el movimiento. Pero en uno y otro caso se sustituye de hecho la gracia por una actividad natural desordenada. Sin duda, nunca recomendaríamos bastante al que busca la fe obedecer en todo a su conciencia, hacer todo lo que le parezca bien, todo lo que le parezca mejor; se puede incluso aconsejarle prácticas específicamente cristianas en cuanto ayudan a vencer las resistencias de la carne o del orgullo. (Así la penitencia, la confesión de los pecados: «A menudo se llega al *Credo* por el *yo pecador...»).* Pero probar de arrancar un acto de fe al que no ve todavía es faltar al respeto que se debe al alma y al respeto que se debe a Dios. Al respeto que se debe al alma porque la probidad intelectual es un deber grave, sobre todo en materias de importancia. Al respeto que se debe a Dios, porque, así como no tenemos derecho de dar el Cuerpo de Cristo a un positivista que deseara testimoniar su simpatía por la Iglesia católica mediante este «gesto» que es la comunión; así tampoco tenemos derecho de poner (en cuanto está en nosotros) en posesión de verdades sobrenaturales, por medios puramente naturales y *maquinales,* a aquel a quien Dios, cuya misericordia es siempre libre, no ha dado la gracia de ver la verdad. Así pues, querer hacer surgir la fe a partir de una práctica material e inferior es a lo que, en el fondo, llega el sistema del «agua bendita» (no pretendo hablar aquí del sentido que la humorada tiene en Pascal, quien ya vio bien que es necesario «hacer creer a *nuestras dos piezas»).* El riesgo aquí apuntado no es quizá puramente imaginario, y es posible que algunos hombres «prácticos», llenos de un gran desprecio por las abstracciones de los teóricos, hayan olvidado demasiado a veces que la fe, ante todo, es una gracia, que no se la evoca *jugando* al catolicismo, que no es posible forzar al Espíritu Santo. No es necesario por otra parte exagerar nada, es necesario proceder con extremada delicadeza y no olvidar que la atracción divina puede hacerse sentir incluso a través de lo que hay de más humano en el culto y en la Iglesia.

⁴ *De Virtutibus in communi,* a. 7. Los teólogos admiten comúnmente que no le basta a la libertad de la fe que el hombre sea dueño de poner el acto o abstenerse; semejante libertad existe incluso cuando se trata de la ciencia; y precisamente de la ciencia el Concilio ha querido distinguir la fe, al condenar la teoría hermesiana de las pruebas necesitantes (cfr. *Acta,* col.). A la libertad de «ejercicio» debe añadirse, en el caso presente, la libertad de «especificación».

⁵ D. 737. Los teólogos en cuestión han visto bien la dificultad y han intentado, para resolverla, diferentes ensayos de explicación que los límites de este artículo nos impiden discutir en detalle. Señalamos sólo tres tipos de ensayos, los principales. Algunos (sobre todo aquellos que conciben el acto de fe según el modelo de un silogismo) convienen en que el conocimiento evidente del hecho de la revelación divina suprimiría la libertad de la fe. La fe libre requiere, pues, lo que llaman *inevidentia attestantis:* si la Virgen y los apóstoles hubieran tenido la evidencia de que lo que creían era la palabra de Dios, no hubieran creído con esta fe libre de la cual nos hablan los Concilios. Esta rara consecuencia bastaría para tener por sospechosa tal explicación. Otros quieren que después del asentimiento cierto *«credibile est»* o *«credendum est»,* el asentimiento *«est», «verum est»,* y por consiguiente el *«credo»* permanezca todavía absolutamente libre. Necesitan hacer del juicio de credibilidad una fase obligatoria y distinta de la génesis de la fe, y necesitan decir que lo *plenamente afirmable* no encierra a lo *plenamente verdadero.* Un tercer grupo se complace en conceder explícitamente que la razón natural puede llegar con sus propias fuerzas y por demostración necesaria a probar no sólo la credibilidad sino también la verdad de los dogmas enseñados por la Iglesia; pero la libertad de la fe permanece, a sus ojos, intacta, pues la fe consiste, dicen ellos, en afirmar esos dogmas no porque no se vea en ellos la verdad, sino porque se

quiere rendir homenaje a Dios. Este último sistema puede escapar a las objeciones que se levantan contra los otros dos, pero sus mantenedores están obligados a introducir una distinción en la proposición condenada por Inocencio XIII: convienen en que esta proposición es sostenible si se trata de dar a las verdades reveladas un asentimiento natural y científico; no sería condenable y condenada más que si se tratase de creer por obediencia.

⁶ Leyendo los análisis de los autores se tiene de ordinario la impresión de que intentan hablar de una prioridad real y temporal. Pero de poco serviría afirmar la simultaneidad temporal si se mantuviese la prioridad causal y exclusiva de uno de los elementos.

⁷ Al igual que algunos, al elegir, por ejemplo, la profesión militar o la del comercio, consienten implícitamente en ver las cosas, después de un cierto tiempo de ejercicio, bajo el ángulo especial propio del oficial o del negociante; así también el hecho de tomar tal grave decisión o de aceptar interiormente una pasión violenta puede ser realmente idéntico a la aceptación de nuevos principios, de ideas nuevas, de ojos nuevos.

⁸ No se trata necesariamente del amor de caridad, pues es un punto de fe definida que la fe puede ser «informe», es decir, no estar acompañada de la gracia santificante y de la caridad (D. *Enchiridion,* n. 1791, 1814). Cfr. Sto. Tomás, *De Veritate,* q. 14, a. 2. ad 10: «*Voluntas determinat intellectum ad assentiendum his quae sunt fidei. Sed illa voluntas nec est actus caritatis, nec spei, sed quidam appetitus boni repromissi*», IIa, IIae. q. 5, a. 2, ad 2: «*Fides quae est donum gratiae inclinat hominem ad credendum secundum aliquem affectum boni, etiamsi sit informis*». Por otra parte, se puede sostener que la fe no es nunca informe en su adquisición, que el amor de caridad acompaña siempre el primer acto de fe. En cualquier caso, como ya hemos dicho (primera parte, p. 38), no hay por qué explicar el primer acto de fe de distinta manera que los sucesivos.

⁹ J. Martin habla muy bien de la gracia de la fe cuando la llama «la gracia de transformar la propia visión y de discernir, en fin, el propio error» (*L'Apologétique traditionnelle,* t. II, p. 3 y p. 102; «si aceptaran que se produjese en ellos la facultad de juzgar bien...»).

¹⁰ «*Si quis dixerit revelationem externis signis credibilem fieri non posse... anathema sit:* Concilio Vaticano, c. 3., *De Fide,* D. 1812). El esfuerzo principal de la teología contemporánea, en el tratado de Fe —esfuerzo muy justificado por el espectáculo de los múltiples errores voluntaristas y sentimentalistas— se ha concentrado en torno a la doctrina definida en este canon. Tan ocupados de la racionalidad de la fe, los escolásticos de nuestros tiempos la han estudiado desgraciadamente aparte de su libertad y han dejado que otros explotasen la teoría tan fecunda (y tan tomista) de la prioridad recíproca de las causas. (Si Le Roy no hubiera escrito sobre fe más que páginas como aquellas en las que toca este punto —*Dogme et Critique,* pp. 327-332— no hubiera merecido tantas justas críticas y se le hubiese tenido que agradecer haber expuesto de manera tan brillante, tan sugestiva y tan moderna, una teoría que, en el fondo, es menos nueva de lo que quizá él mismo imaginaba). La exposición más reciente que yo conozco acerca de la prioridad recíproca en el acto libre es la del P. Garrigou-Lagrange O. P. en *Intellectualisme et Liberté chez St. Thomas* (Kain, 1910); la cuestión de la fe es mencionada en la p. 42.

¹¹ Sto. Tomás ha dado del acto de fe una descripción notable: «Puede suceder que la voluntad determine a la inteligencia y elija como objeto de adhesión tal o cual juicio, determinada y precisamente por un motivo de orden voluntario y nada intelectual, a saber la bondad, la conveniencia de dicha adhesión. Esto es lo que ocurre con la creencia cuando, por ejemplo, un hombre cree en otro porque ve en él cierta rectitud o cierta utilidad. Nosotros (los cristianos) también somos llevados a creer la Palabra porque se nos promete, si creemos, la recompensa de la vida eterna; es esta recompensa la que

arrastra a la voluntad a creer, a falta de todo motivo intelectual» (*De Veritate,* p. 14, a. 1). Muchos han querido ver, en este pasaje, la descripción del esquema esencial de los actos de fe, del esquema que explica incluso la adquisición de la fe, y algunos relacionan este texto con la teoría de un «mandato» de la voluntad, entendido en el sentido de una moción extrínseca, y como alguien ha dicho, de un «golpe de estado». Una objeción bien simple surge de la misma teoría: esta vida eterna, cuya atracción emociona al alma, ¿es conocida de antemano como real, sí o no? En caso afirmativo, se ha tomado una decisión (antes del primer acto de fe) respecto al hecho del testimonio divino; lejos de ser necesario un «golpe de estado», podemos hablar de que aquella decisión es producto de la libertad. En caso negativo, o bien hay que recurrir a la prioridad recíproca, o bien la adhesión está fuera de razón. (Lo mismo que se le decía a Pascal que su sistema de la apuesta probaría la religión que había inventado el más espantoso de los infiernos, lo mismo se podría decir a este teólogo que su razonamiento concluye en favor de aquella religión que ha encontrado los colores más seductores para pintar el cielo). Pero no se puede llegar a la prioridad recíproca sin asignar en el acto una función al signo, al indicio, que la luz de la fe ilumina para hacer ver *ea quae sunt fidei esse credenda.* Yo creo por mi parte que, en el texto en cuestión, Sto. Tomás ha tenido simplemente a la vista el caso de la adhesión a un dogma particular de aquel que, previamente, está ya firme en su resolución de permanecer católico. Cfr. n. 24.

[12] He intentado exponer esta concepción en un artículo de la *Revue de Philosophie* (1 marzo 1910) titulado «Amour spirituel et synthèse aperceptive».

[13] Se emplea aquí como sinónimo, siguiendo el espíritu del lenguaje escolástico, los términos de *juicio especulativo* y de *juicio absoluto;* pero no se pretende negar que en el fondo de todo juicio práctico esté realmente implicado un juicio absoluto.

[14] Es lo mismo decir que Dios es la Verdad primera que decir que es el último Fin de los espíritus. Esta identidad —dicho sea de paso— enseña que en la explicación del acto de fe no es posible atenerse a la teoría de la *fe de homenaje* o *de simple autoridad* (diferenciada de la *fe científica*), defendida por el P. Billot y expuesta en francés con gran finura por M. Bainvel. Después del Concilio Vaticano ya no es posible, como en otro tiempo Guillermo de Auvernia, excluir expresamente de la *oboeditio fidei* la idea de la veracidad divina. (Se debe creer en Dios, decía él, *«gratis et oboedienter, et non propter hoc, quia verax est, aut quia verum est quod ipse loquitur, sic enim crederetur homini cuivis»*, *De Fide* c. 1. Ed. de 1674, t. I, p. 7. Puede advertirse la contradicción entre esta concepción del acto de fe y la fórmula del catecismo: «Porque Vos sois la verdad misma...»). Pero toda distinción entre la *autoridad del testigo* y la *veracidad del testimonio* (V. Billot, *De Virtutibus infusis*, I, p. 214, n. 2) me parece resultar falsa cuando se trata de un homenaje que exigir a seres intelectuales. Para nosotros no hay más *Persona adorable* que la *Esencia infalible*. La teoría de la fe de homenaje me parece que representa un gran progreso respecto a la teoría silogística de la fe, pero creo que se la debe llevar hasta el fondo de manera que en el homenaje quede integrada la percepción misma de la credibilidad.

[15] Ver IIa, IIae, q. 1, a. 4, ad 3; q. 2, a. 3, ad 2. *De Veritate,* q. 14, a. 10, ad 10. Cayetano observa con razón sobre el primero de estos pasajes: *«Auctor loquitur de videre ea quae sunt fidei, sub communi ratione credibilis... Et hanc esse mentem auctoris patet ex hoc quos in sequenti articulo in resp. ad 1 dicitur: Per lumen fidei videntur esse credenda ut dictum est, proculdubio hoc in loco».*

[16] Cfr. P. Rousselot, *L'Intellectualisme de St. Thomas,* p. 74.

[17] Cfr. lo que dice H. Bergson en *Essai sur les données immédiates de la conscience,* p. 96, acerca de las percepciones cualitativas inmanentes al conocimiento mismo de la cantidad.

[18] Pero si es una facultad intelectual la que es el objeto del conocimiento simpático, el *verbo* mismo de este conocimiento será la expresión del encanto y arrobamiento (o por el contrario, de la repugnancia), será un *verbo de amor.*

   [19] Sto. Tomás a veces parece reconocer a la fe común semejante potencia de discernimiento experimental: «*Sicut enim per alios habitus virtutum homo videt illud quod est sibi conveniens secundum habitum illum, ita etiam per habitum fidei inclinatur mens hominis ad assentiendum his quae conveniunt rectae fidei, et non aliis*» (IIa, IIae, q. 1, a. 4, ad 3). Arrancada de su contexto (cfr. n. 15) y tomada en un sentido absoluto y universal, esta afirmación conduce a la teoría del *discerniculum experimentale* sostenida por A. Pérez y Pallavicini, y rotundamente contradicha por la experiencia. (Se puede ver un resumen exacto y las razones por las cuales es comúnmente rechazada, en Schiffini, *De Virtutibus infusis,* n. 148). Lo universalmente verdadero en la aserción de Sto. Tomás es que el hábito de la fe inclina *ad assentiendum;* ésta es formalmente su función, según hemos explicado en el texto. El hábito infuso es, como muy correctamente escribe el Ferrariense, «*quo iis quae credenda proponuntur, homo firmiter adhaeret et assentit, et quo illuminatur intellectus ad cognoscendum illa esse credenda*» (en 3 CG, 40), pero el conocimiento de esta «credentidad» es absolutamente idéntico a la adhesión, es la adhesión misma, como en el conocimiento natural un cierto conocimiento práctico de la afirmabilidad es el asenso. Por más que ahora se trate de una inclinación no formalmente *ad assentiendum* sino *ad discernendum num haec vel haec conveniant rectae fidei,* Sto. Tomás sugiere las siguientes observaciones: 1) esta inclinación no es sentida en todos, porque, como en otras virtudes que proporcionan semejantes sensaciones, es necesario que la virtud sea poseída en un grado muy fino para que haya penetrado las inclinaciones naturales; 2) esta inclinación sentida parece pertenecer al orden de las gracias *gratis datae;* no hemos de deducir por tanto de su ausencia en algunos y su presencia en otros un

grado superior de caridad en estos últimos; cuando S. Bernardo negaba la Inmaculada Concepción podía no ser inferior en caridad que un inmaculista, aun suponiendo que este último sintiese, por instintos interiores de la gracia, la bondad de la causa que defendía, 3) aunque la experiencia de tales instintos sea una gracia, la disposición del sujeto coopera. Un convertido del protestantismo guarda a veces en su espíritu ciertas desviaciones que le hacen inclinarse del lado opuesto a la ortodoxia; sucede que un religioso bastante tibio, pero educado en un medio esencialmente cristiano, posee un «sentido católico» más seguro y más delicado que otro mortificado y fervoroso pero convertido más tarde, etc.

[20] Me permito remitir al lector, para lo que se dice en este párrafo, al artículo señalado más arriba (cfr. n. 12) y también a «L'Etre et l'Esprit», en la *Revue de Philosophie*, 1 junio 1910.

[21] El conocimiento ideal y perfecto es aquel en el que aparece a la plena luz de la conciencia intelectual no sólo la ciencia percibida, sino también la ciencia perceptiva, y la simpatía radical que une el sujeto al objeto. Esta percepción falta en la evidencia que nos procura la categoría conceptual del *ens concretum quidditati sensibili.* Igualmente la evidencia de la demostración científica no apacigua el espíritu sin más sino sólo provisionalmente (cfr. Sto. Tomás, *Contra Gentiles,* III, 39.

[22] Cfr. primera parte, pp. 33, 36.

[23] Parece que en el primer acto de fe (no hablo de la primera expresión exterior y oral) la verdad sobrenatural (señorío de Jesús, el magisterio de la Iglesia) es directamente afirmado. Esta verdad es *creída* y la «credentidad» es vista, pero del mismo modo que es visto el «yo pienso» en la intelección natural. La «credentidad» es una condición de la representación (*ratio sub qua*); como el alma que despierta a la vida intelectual no pronuncia explícitamente *«cogito»* ni *«video»* ni *«fidendum intellectui»,* así también el alma que despierta a la vida de la fe no pronuncia explícitamente *«credo»,* o *«Deus*

dixit» o «*credendum est*». Pero tanto en un caso como en el otro, las tres afirmaciones están real e implícitamente contenidas en la aserción que apunta directamente sobre el ser. Acción de pensar y acción de creer, apercepción y testimonio divino, «bondad de la razón» y «credentidad», están afirmadas *exercite*. *Luego,* la reflexión puede extraerlas y puede también formular una serie de argumentos ligados con lógica, conducentes a la afirmación de la fe. Pero el proceso racional representado por esta cadena de argumentos no proporciona más que uno de los aspectos del acto. El acto total y real requiere, como síntesis afirmativa, el nuevo amor y los nuevos ojos; de esta novedad no hay huella en el proceso racional. Muchas explicaciones del acto de fe, por una ilusión completamente cartesiana, transforman en juicio clara y previamente *pensado* lo que en realidad es una condición del *acto.*

[24] Hemos intentado explicar el asentimiento universal de fe católica, aquel por el cual se dice: «Yo creo, Dios mío, todo lo que has revelado», o más simplemente: «Yo creo. Soy cristiano». Este acto es la conjunción de la fe infusa con la confesión de una religión determinada, punto crucial que nos habíamos propuesto al abordar el problema de la fe (cfr. p. 26). Es mucho más fácil explicar cómo un hombre que quiere permanecer católico se adhiere a un dogma determinado, p. e., la infalibilidad pontificia. Lo que le hace creer es el deseo de la vida eterna, deseo *ya conocido;* aquí se aplica sin dificultad el análisis de Sto. Tomás citado más arriba (cfr. n. 11). Quede claro que la voluntad de salvar su alma, permaneciendo en la Iglesia, le prescribe la especificación de su asentimiento: dar conscientemente su adhesión a la proposición contradictoria sería perder la vida de la gracia y el hábito de la fe (IIa, IIae, q. 5, a. 3). Y con todo, el acto es perfectamente libre porque el hombre es libre de querer permanecer católico o no.

[25] Después de haber mencionado el error agnóstico según el cual no se puede reconocer a Dios en el mundo y en la his-

toria, la encíclica *Pascendi* añade: «His autem positis, quid de... *motivis credibilitatis* ...fiat, facile quisque perspiciet. Ea nempe modernistae penitus e medio tollunt et ad intellectualismum amandant: ridendum, inquiunt, systema ac iamdiu emortuum» (D., *o. c.* 2072).

[26] Se lee en el breviario romano en la cuarta lección del 31 de julio, que S. Ignacio de Loyola acostumbraba a decir: «Si sacrae litterae non exstarent, se tamen pro fide mori paratum ex iis solum, quae sibi Manresae patefecerat Dominus». Pero para los santos la prueba tomada de «la voz venida del cielo» no evacúa «la palabra más firme de los profetas» (cfr. II Pe 1, 18-19).

[27] En resumen, en nuestra explicación no hay lugar para lo que ordinariamente se entiende como «certezas respectivas» que bastan para los sencillos, pero no bastarían para los doctos; y que «de por sí» no bastan. Quien comprendiera todo el contexto psicológico de un sencillo que tuviera verdaderamente fe, poseería, por este mismo hecho, razones para creer legítimas y válidas para cualquiera. Las razones del cura pueden ser más comunicables que las del carbonero, pero el asentimiento más razonable en el sentido pleno de la palabra es —de los dos— aquel iluminado por una luz infusa más alta (cfr. el Ferrariense, citado más arriba), pues para juzgar de la intelectualidad de un acto, la calidad de la luz espiritual importa más que la naturaleza de los objetos iluminados.

[28] Hch 17, 2; 18, 28.

[29] Si expusiéramos pruebas, que aún ignorase, a quien ya tuviera fe, le bastaría, para poder percibirlas como tales, que le fuesen propuestas convenientemente. Si expusiéramos estas mismas pruebas a alguien que no tuviese fe, sería necesario además que recibiese del cielo la voluntad piadosa de creer. En cuanto a las razones individuales, aunque no valen para todos, no es porque no sean susceptibles de ser esclarecidas por la luz de la gracia, sino porque no pueden ser propuestas suficientemente: lo que entonces falta es la presentación del objeto.

[30] ¿Creéis acaso, amigos, que nosotros íbamos a poder entender estos misterios en las Escrituras, si no hubiéramos recibido
gracia para entenderlos por voluntad de Aquel que lo quiso?,
Justino, *Diálogo con Trifón,* n. 119.

[31] No decimos que no pueda haber acto de fe cierto y legítimo sin la gracia santificante, lo cual sería herético (D. 1791). No
decimos tampoco que no pueda haber, sin la gracia –incluso sin
la gracia actual–, acto de adhesión a la doctrina católica, subjetiva pero ilegítimamente cierto: esto no estaría de acuerdo, tal vez,
con la experiencia. Millones de hombres se adhieren con firmeza
subjetiva absoluta a religiones falsas, p. e. el Islam, y no veo que
sea necesario, a pesar de la profundidad y dificultad de nuestros
misterios, decir que nuestra religión aparece a la razón natural
más improbable que aquéllas. Si se presenta el caso, se trata de
«la fe adquirida» la cual es, para hablar como Sto. Tomás, simple
opinión, «opinio fortificata rationibus» (*Prolog. Sent.,* a. 2, sol. 3).

[32] Fácilmente se concibe que se trate aquí no del conocimiento reflejo del ser sobrenatural como tal (que es una noción
técnica), sino de su conocimiento espontáneo (*tanquam rationis
sub qua*), al cual es necesario comparar, en la intelección natural,
no la idea de ser que consideran los filósofos, sino aquella que
usan todos los hombres, capaces de abstracción o no.

[33] La cuestión escolástica del «objeto formal» de las virtudes
sobrenaturales es una de estas controversias que podríamos inclinarnos a descuidar por sutil y desprovista de interés
real; cuando de hecho plantea en términos estrictamente técnicos el problema capital del conocimiento de fe y pone a lo vivo
su punto central. Creo que sobre el objeto formal de la fe debe
decirse que, ante la *representación* como tal, no hay *per se* diferencia entre las nociones que de nuestros misterios tienen un incrédulo y un creyente; pero que si se considera la representación con
el *asentimiento,* la facultad sobrenatural define un nuevo objeto
formal. En aquel que tenga la virtud de la fe, siempre que haya
presentación suficiente, la representación no se da sin el asentimiento.

[34] Mc 6, 52.

[35] «¿Aún no comprendéis ni entendéis?... ¿aún no entendéis?... Mc 8, 17. 21.

[36] Cfr. primera parte, pp. 33 s..

[37] Lc 16, 31; Jn 12, 37.

[38] Jn 12, 40; Mt 13, 14; Mc 4, 12; Lc 8, 10.

[39] Jn 10, 25-27.

[40] Cfr. primera parte, pp. 42-43.

[41] «¡Generación malvada y adúltera! Una señal reclama...». Mt 12, 39; cfr. 16, 4 y Mc 8, 12 - Jn 4, 48; «Si no veis señales y prodigios, no creéis».

[42] Mt 16, 3; cfr. Lc 12, 56.

[43] Jn 14, 11.

[44] Lc 12, 57: «¿Por qué no juzgáis por vosotros mismos lo que es justo?». Jn 7, 17: «El que quiera cumplir su voluntad verá si mi doctrina es de Dios...»

[45] Jn 15, 22 y comparar Jn 9, 39-41 con 12, 40.

[46] Jn 12, 45; 14, 9.

[47] Jn 12, 39: «No podían creer».

[48] I Cor 2, 14.16: «el hombre naturalmente... no las puede entender... pero nosotros poseemos el pensamiento de Cristo».

[49] II Cor 3.

[50] II Tes 2, 10: «y todo tipo de maldades que seducirán a los que... por no haber aceptado el amor de la verdad que les hubiera salvado».

[51] *In Joannem,* tr. 24, n. 6 (P. L. 35, 1595); cfr. tr. 18, n. 11. *Ibid.* 1543. No cabe invocar aquí, para mostrar que la demostración se debe poder hacer por la sola luz natural, la proposición que se hizo suscribir a Bautain: «Quamvis debilis et obscura reddita sit ratio per peccatum originale, remansit tamen in ea sat claritatis et virtutis, ut ducat nos cum certitudine ad existentiam Dei, ad revelationem...» (D., *o. c.* 1627). Se podría responder a priori que, ya que el error proscrito es el tradicionalismo, la palabra *razón* se opone aquí a la

tradición y no a la iluminación interior y subjetiva de las almas. Es más: los documentos positivos apoyan esta interpretación. La declaración posterior que Bautain suscribió en 1844 por orden de la S. C. de los Obispos distingue las verdades naturales –como la existencia de Dios y de las cuales subraya que se las puede conocer «con la sola razón... con las solas luces de la recta razón»– respecto de los motivos de credibilidad, a propósito de los cuales no emplea término exclusivo alguno. En fin, en las tesis suscritas por Bonnetty se añade explícitamente: «Rationis usus fidem praecedit et ad eam hominem ope revelationis gratiae conducit» (D. 1651).

[52] Cfr. Gardeil, *La Credibilité,* pp. 73-96; y *Dictionnaire de Théologie catholique,* col. 2215 ss.

[53] Lugo, *De Virtute fidei divinae,* disp. II, sect. 1, n. 22 ss., 47 etc.; Hugueny, *Revue Thomiste,* mayo-junio 1909, y otros.

[54] Cfr. Sto. Tomás, I, q. 12, a. 6.

[55] Se trata aquí de asignar la razón del asentimiento como tal y no la del conocimiento de los diferentes dogmas determinados. Sobre este último punto no veo que haya que añadir nada a lo que dice Sto. Tomás (IIa, IIae, q. 5, a. 2). Pero las dos cuestiones son distintas tanto en el caso presente como en el estudiado antes (cfr. n. 19).

COMENTARIOS

(En los comentarios que siguen tocamos únicamente algunos puntos más directamente filosóficos que teológicos, persuadidos de que la originalidad del autor se encuentra más bien en la primera parte. Los números romanos puestos en el lateral del texto remiten a los de este comentario).

I.   En esta segunda parte (RSR, 1 [1910] 444-
475), Rousselot plantea el problema de la participación de la voluntad en el acto de fe. A su entender este problema no había sido satisfactoriamente
resuelto por las explicaciones teológicas, que en el
texto de su artículo sintéticamente esboza:

–En un caso, participación de la voluntad que
quedaba prácticamente anulada por el protagonis-
mo de la inteligencia en el acto de fe;

–en el otro, participación de la voluntad extrínsecamente condicionada por la intervención de la
gracia.

El problema se plantea entre dos «notas» que la
teología de la fe afirma respecto de ésta: certeza y
libertad. Si la inteligencia «ve» sin lugar a dudas el
objeto propuesto para ser creído, ¿cómo podrá la
libertad rechazar tal evidencia? –difícilmente se
puede hablar entonces de la «libertad» del acto de
fe–. Si la inteligencia «no ve» con certeza que debe
decidirse en favor de lo que se le propone para ser
creído, ¿no será entonces su decisión «arbitraria»?
–difícilmente se puede hablar entonces de la «certeza» de la fe–.

Rousselot, al plantear la cuestión, parte de una
metafísica del conocimiento inspirada en Sto.
Tomás: toda intelección contiene una parte de
amor. Y todo amor contiene una parte de inteligencia. Si la voluntad, sin embargo, inclinase a la
inteligencia a someterse a una pasión desordenada,
ésta sería «seducida». Pero, dado que el objeto
último de la inteligencia es idéntico al objeto último querido por la voluntad, dado que las dos
facultades se unen en el término de su respectiva
actividad –en Dios– no se puede acusar a la voluntad, en la decisión creyente, de «seducir» a la inteligencia. Al contrario, inteligencia y voluntad se
potencian recíprocamente y mutuamente en la
prosecución de su fin último. En otras palabras: la
verdad se revela con tanta más evidencia cuanto

mayor es el interés que la busca; y éste se acrecienta tanto más cuanto mayor es la claridad con que se presenta la verdad a la inteligencia. En el acto de fe, certeza y libertad se acrecientan mutuamente en proporción directa.

II. Como podemos observar, Rousselot se sirve de nuevo aquí de la idea de *«causalidad recíproca»* para explicar las relaciones entre inteligencia y voluntad en el acto de fe. «El conocimiento perfecto es idéntico al amor». Esta concepción del conocimiento tiene que ser profundizada, sin embargo, más allá del punto de partida empírico. Hay, pues, una íntima relación entre inteligencia y voluntad. De todos modos, partiendo de la «fe vivida», hay que ir en busca de las infraestructuras racionales que tal afirmación supone. Hay que subrayar que se parte de la experiencia de la fe viva, ejercida, plena:

a) En primer lugar observa Rousselot a nivel psicológico que «la pasión obnubila la limpieza de la mirada», que el amor ciega. Que la afección «da ojos» para conocer. Que el amor «hace ver». Estas constataciones —aparentemente opuestas entre sí— expresan en el fondo dos caras de una verdad universal, cuya importancia, a nivel filosófico, podría formularse así: todo conocimiento está definido por un amor.

b) En segundo lugar, no se para aquí Rousselot. Precisamente su originalidad —en esta segunda parte de su artículo— radica en darle tal importancia a dicha verdad que, en términos técnicos, la integra en un nivel metafísico. No basta hablar de causalidad recíproca entre inteligencia y voluntad; es preciso *determinar la naturaleza* de dicha causalidad. La afectividad, la apetición no suprime o anula a la intelección, el hecho de que el conocimiento esté como impregnado de afectividad no compromete su valor objetivo, el amor «hace ver»; el amor hace «tal» al sujeto, que hace aparecer, ante él, al objeto como «tal». Ahora bien, por la fuerza de la afectividad, por la fuerza del amor se suscita en el sujeto cognoscente una nueva facultad de abstraer que prescribe un nuevo objeto formal. Incluso cuando el amor «ciega» «hace ver». Rousselot mantiene firmemente las dos afirmaciones paradójicamente unidas.

c) En tercer lugar, hay que llegar a una perspectiva reflexiva. Una perspectiva en que se tenga en cuenta lo que Kant llamaba «sujeto» y Sto. Tomás «acto». El «sujeto» –a este nivel– no es entendido como mero espectador pasivo del objeto, sino que es entendido como espontaneidad actuante, como «espontaneidad del espíritu». Ya habremos podido comprobar cómo Rousselot, en diversas ocasiones a lo largo del texto (tanto en su primera parte como en ésta) va más allá del plano de las representaciones para situarse en el de la *«síntesis aperceptiva»,* la cual constituye y sostiene a las representaciones, o –como él dice– de la *«sinopsis percibida».* Repetidamente nos invita a ir más allá de una concepción del conocimiento interesada sobre todo en el objeto y olvidadiza de la actividad intelectual o, como diría Rousselot hablando del conocimiento de la fe, de la «luz» que en el sujeto habita. Repetidamente nos invita a ir más allá de lo «visto y representado» por los ojos de la fe para situarnos en los «ojos –de la fe– que ven». A este nivel reflexivo es donde hay que situar la «causalidad recíproca» de la que habla Rousselot en este párrafo de su artículo.

d) En cuarto lugar y como consecuencia de todo ello vale la pena llamar la atención sobre el hecho de que, planteadas las cosas así, Rousselot supera la drástica separación –y a veces total diferenciación– entre «deliberación» y «decisión». Tales separación o diferenciación se alimentan de la idea de que la libertad y la apetitividad no entrarían a formar parte de la deliberación, toda ella por decirlo de alguna manera «aséptica»; de que la voluntad no intervendría en el esfuerzo por «hacer luz»; de que la deliberación por tanto sería «neutra». Por eso, Rousselot no puede aceptar una justificación «puramente objetiva» del acto de fe.

III. La importancia que da Rousselot a la noción de «sujeto» y la vinculación que establece entre «sujeto» y «apetito cognoscente» bastarían por sí mismas para hablar legítimamente de «amor» en el conocimiento. Ahora bien, al hablar de «amor» no se entiende por tal una vulgar seducción de la razón por parte del corazón. Si así fuera, tendrían razón todos aquellos que sospechan acerca de la prioridad que se da a lo afectivo en materia de conocimiento. Quienes así piensan no han entendido que la inteligencia es la expresión de una apetición. He aquí la tesis de fondo, de orden metafísico y epistemológico, que late en la explicación teológica del acto de fe, propuesta por Rousselot.

La naturaleza del espíritu, el principio interior de sus operaciones, es «apetición del ser». Esta apetición, sin embargo, aparece entre nosotros de entrada como «apetito de los seres» singulares y concretos y/o del «ser en general». En realidad, con todo, para quien sabe «ver» tal apetición es apetición del Ser a la vez singular y universal, Dios: «... en tanto que seres de la naturaleza aman a Dios más que a ellos mismos, pero traducen, para su conciencia, este apetito de Dios como apetito del bien en general; y como éste no es ser subsistente y no puede ser amado con el amor de pura amistad, refieren todos sus deseos al ser subsistente restringido...» –como dice el mismo Rousselot en otro artículo suyo titulado «Pour l'histoire du problème de l'amour au Moyen Age»–.

Este es uno de los rasgos más característicos de la visión de Rousselot sobre el hombre y el mundo. En todos los seres, en la fuente misma de todas las naturalezas, en el origen mismo de todo dinamismo creado, reconoce una tendencia hacia Dios. Visión propia de aquel que ha aprendido a «contemplar a Dios en todas las cosas», visión que tal vez no valora suficientemente, al ser tan ontológica, el amor de benevolencia y que tiende a olvidar el carácter «ex-stático» del amor, que se desvela sobre todo en las relaciones interpersonales.

No tenemos sin embargo conciencia inmediata de esta atracción que nos conduce hacia Dios. Como el mismo Rousselot no se cansa de repetir a lo largo de sus páginas y en distintas ocasiones, el momento de la «simpatía» no está —por lo menos directamente— en el campo de la conciencia: no tenemos conciencia de la «especie impresa», si no es «en y por el verbo» producido, dicho en terminología tomista: A través de las metáforas auroral, generativa y edificativa donde, al expresarnos, al conocer y al comulgar con la realidad, vamos tomando conciencia de aquella «simpatía» por la que somos llevados. Unicamente cuando «vemos» que tal apetición apunta últimamente a Dios nos damos cuenta de su valor absoluto.

IV.   Todo progreso en la vida del espíritu consiste en consentir lúcida y activamente a la tendencia hacia el fin último que de entrada es inconsciente y padecida. Debemos «llegar a ser» lo que somos; no somos ya lo que en esencia estamos llamados a ser. Debemos «hacer transparente» a nuestra naturaleza, toda ella orientada hacia Dios. Debemos asimilar, tomar a nuestro cargo, liberar a esa tendencia natural hacia Dios. He aquí otro rasgo característico de la visión de fondo de

Rousselot, puesta en juego en su explicación teológica del acto de fe. Visión «mística» si por tal entendemos la experiencia de la naturaleza —de nosotros mismos y del mundo— como «sed de Dios», la experiencia de una pasividad dentro de la actividad más fundamental: «ex Deo in Deum».

No se trata por tanto solamente del paso de una oscuridad a la claridad. Se trata del paso de una pasividad inconsciente a una libertad activa por la que tomamos a nuestro cargo al mundo y a nosotros mismos. Ahora bien, este paso, este «tomar a cargo», no es algo que esté a merced de nuestra libertad de elección. Esta profunda tendencia hacia Dios no es atribuible a nuestra libertad de elección; es propia de la «espontaneidad del espíritu».

Así como el deseo de felicidad no es un acto de libertad, así tampoco el paso de la pasividad inconsciente a la libertad activa es fruto de la libertad de elección. Lo que permite la elección es precisamente la capacidad de racionalizar este deseo del Ser universal y singular a la vez, racionalización que lo convierte en deseo del ser «en general».

Tal vez aquí sea el lugar en donde tropecemos con una importante laguna en la antropología excesivamente metafísica de Rousselot; la capacidad de racionalizar —en cuanto se opone a la intuición— se convierte en fuente de elección, del pecado. La virtud moral, en este nivel racional, junto con la exigencia que comporta compensaría la falta de intuición. La carencia de un conocimiento luminoso de nosotros mismos y del mundo sería lo que conduciría al egoísmo, raíz del pecado. No parece que de este modo se llegue a ponderar suficientemente la malicia de la libertad como principio de acción; parece más bien que se la considera prioritariamente a partir de su objeto.

V.   Comprender es una forma de actuar. Si olvidamos esto obstaculizamos toda posibilidad de auténtico conocimiento. A lo largo de su texto, Rousselot se enfrenta con todas aquellas explicaciones teológicas del acto de fe que contienen, escondida o claramente, una concepción meramente «representativa» del conocimiento. La especie impresa —dicho en términos tomistas— no es una impresión meramente mecánica que nos viene de afuera. Es, más bien, una «simpatización iluminante». El espíritu —que es el sentido de lo real— afirma connaturalmente, espontáneamente como real y antes de las antinomias de la reflexión, lo que, por otra parte, no puede dejar de representarse.

Ahora bien, nuestra condición es la de un sujeto que no posee inteligiblemente su propia naturaleza. Tal condición ontológica es la que explica nuestra situación gnoseológica. No conocemos la realidad en su misma esencia por connaturalidad. Esta intuición por connaturalidad sólo se manifiesta a través de una naturaleza adquirida por el hábito. Si por una parte tendemos a igualarnos a nosotros mismos, por otra parte esperamos alcanzarnos: el dinamismo de nuestra inteligencia comporta tal tendencia y tal esperanza. Rousselot aproxima lo que llama «síntesis aperceptiva» al «conocimiento por connaturalidad» del que habla Sto. Tomás. Este tipo de conocimiento se convierte, así, en la «forma» y en la «esperanza» de todo conocimiento. Aquella «forma» de conocimiento que siempre está actuando y que nunca está del todo sumergida en los límites de nuestra condición, sino que «emerge» de ellos constituyéndonos «sujetos». Esta connaturalidad es la que a la vez nos singulariza y nos universaliza, nos distingue y nos hace comulgar. No es extraño por tanto que en su texto Rousselot vaya pasando del conocimiento por connaturalidad al tema del amor: «el perfecto conocimiento es amor».

VI. Para acabar señalamos a continuación algunas pistas —no todas— que sin violencia alguna derivan de la explicación teológica del acto de fe propuesta por Rousselot. Subrayamos el hecho de que derivan sin violencia alguna dado el carácter «orgánico» de la explicación propuesta:

a) *El discernimiento:* la fe es también conocimiento. No de cosas nuevas sino de dimensiones nuevas de la realidad. Es una capacidad de conocer dichas dimensiones. Y a la vez de percibir indicios de ellas. Los indicios hablan de tales dimensiones por convergencia. Dicha convergencia no produce certeza racional y necesaria, sino certeza moral y firmeza. A la certeza moral se llega mediante la credibilidad y a la firmeza mediante el asentimiento. No se puede separar la una del otro. Por eso siempre que hay firmeza hay también o puede haber aquella vacilación que está en los entresijos de la certeza moral.

b) *La lectura de los signos:* es posible y real si se pone en juego la causalidad recíproca y la luz de la fe. Pero no, si se pone en juego una visión del mundo o una clave interpretadora que es distinta que «la luz de la fe». Esta lectura de los signos es precisamente un momento de lo que llamamos discernimiento. Este no es sólo la operación de leer sino también el compromiso que se forma «leyéndolos».

c) *El ofrecimiento de la credibilidad:* la credibilidad cristiana es una cuestión de globalidad. He aquí su fuerza y su problema. Su fuerza: porque es omnicomprensora (cuando se da, abarca a la totalidad). Su debilidad o problema: porque no se apoya únicamente en algo concreto y aislado. Ofrecer la credibilidad no es lo mismo que quedar ofuscado por ella. La pasión por la credibilidad hace que podamos perder de vista el asentimiento. Mientras que el asentimiento profundo y radical es el que permite ofrecer la credibilidad.

d) *El lenguaje icónico de la fe:* puesto que el lenguaje de la fe vive de la realidad asentida (la cual «da que hablar»), se puede decir que vive de los signos a los que se asiente y de la realidad significada por ellos y a los cuales desborda. Vive en defi-

nitiva del sujeto desbordado por la realidad significada y asentida. Desbordamiento del sujeto por
parte de la realidad significada por los signos y
desbordamiento de los signos por la luz del sujeto
que reconoce y asiente. La traducción lingüística
de tal desbordamiento es lo que llamamos carácter
icónico del lenguaje que brota de la realidad des-
bordante y del asentimiento del creyente que va
más allá de la credibilidad de los signos.

Índice

Fotocomposición
Encuentro - Madrid
Impresión y Encuadernación
Publicep
ISBN: 978-84-1339-206-6
Depósito legal: M-17411-2024
Printed in Spain